国家自然科学基金重点项目

"创业网络对新创企业发展的作用及影响机理"（72032007）

教育部人文社会科学研究青年基金项目

"创业团队集体身份视角下的商业模式调整过程研究"（24XJC630013）

重庆市哲学社会科学规划项目青年项目

"农村电商平台的价值治理及其对参与者认同的建构作用研究"（2023NDQN33）

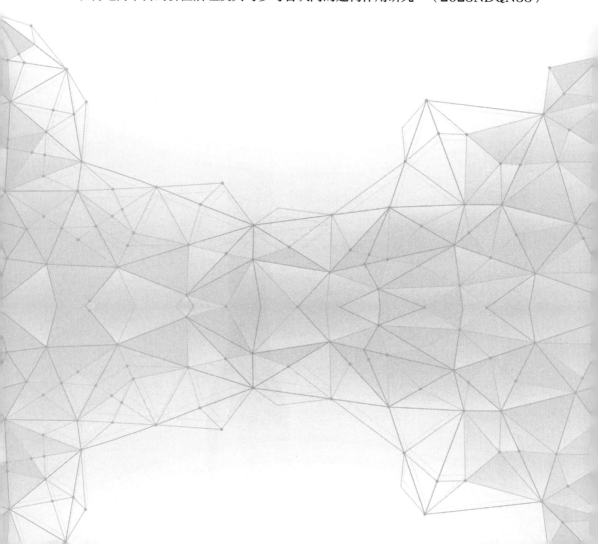

创业网络研究前沿系列

The Strategic Organizational Foundation of
ENTREPRENEURIAL
NETWORK

创业网络的
战略组织基础

韩 炜 吴 畏 ◎著

中国财经出版传媒集团

经济科学出版社
Economic Science Press

·北京·

图书在版编目（CIP）数据

创业网络的战略组织基础／韩炜，吴畏著. -- 北京 ：
经济科学出版社，2025.3. -- （创业网络研究前沿系列）.
ISBN 978 - 7 - 5218 - 6046 - 7

Ⅰ. F272.2

中国国家版本馆 CIP 数据核字第 20245DH252 号

责任编辑：刘　丽
责任校对：王肖楠
责任印制：范　艳

创业网络的战略组织基础
CHUANGYE WANGLUO DE ZHANLÜE ZUZHI JICHU
韩　炜　吴　畏　著
经济科学出版社出版、发行　新华书店经销
社址：北京市海淀区阜成路甲 28 号　邮编：100142
总编部电话：010 - 88191217　发行部电话：010 - 88191522
网址：www. esp. com. cn
电子邮箱：esp@ esp. com. cn
天猫网店：经济科学出版社旗舰店
网址：http://jjkxcbs. tmall. com
北京季蜂印刷有限公司印装
710×1000　16 开　12.5 印张　180000 字
2025 年 3 月第 1 版　2025 年 3 月第 1 次印刷
ISBN 978 - 7 - 5218 - 6046 - 7　定价：68.00 元
（图书出现印装问题，本社负责调换。电话：010 - 88191545）
（版权所有　侵权必究　打击盗版　举报热线：010 - 88191661
QQ：2242791300　营销中心电话：010 - 88191537
电子邮箱：dbts@ esp. com. cn）

总　序

　　基于互联网、信息技术和数字技术等新兴技术的进步和应用普及，平台化和网络化是新创企业在组织管理方面表现出的新特征和新动向。从全球范围来看，IBM 发布的《全球 CEO 调查报告》（2018）显示，在过去的三年中，被调查企业在平台化成长方面的投资达到 1.2 万亿美元；82% 的中小企业 CEO 声称其采用了平台方式，或成为平台的主导者或融入大企业的平台网络以谋求成长；相比其他的企业成长方式，依靠平台化成长的企业能够以更快的速度实现收入与利润增长。特别是阿里、腾讯、百度、京东、小米等新兴本土企业相较于发达国家的竞争对手更早地布局基于平台的网络化成长战略，塑造了我国在电子商务领域的局部领先优势，这些新兴实践已成为国家推动并实施创新驱动发展战略的关键环节。但是，相对于实践的丰富性和领先性，有关平台情境下的创业网络与新创企业成长之间复杂联系的理论探索和总结严重滞后。以平台为情境，关注并研究创业网络如何驱动新创企业成长问题，具有重要的理论和实践价值。

　　在数字经济与全球化交织的新时代，创业活动已不再是孤立的商业行为，而是一种嵌入于复杂网络中的动态战略行动。正是在这一背景下，创业网络研究以嵌入性为理论根基，着重围绕网络主体间、联结间的交互关联性展开讨论。新创企业推动创业网络的演化以促进成长，本质上是逐步增强网络嵌入性的过程，从而塑造新创企业相对于网络中其他主体的权力优势。网络理论中的嵌入概念关注的是，个体或组织在网络中的位置所引发的掌控资源、调动他人的影响力。新创企业利用创业网络谋求成长，是以嵌入于网络中并获得"号令天下"的力量为目的，力量的获得才能促使新创企业借助创业网络进行战略布局。因此，以嵌入作为分析新创企业创业网络的理论视角，融合网络理论、战略理论与创业理论以解释新创企业成长问题，是本书构建数据库以及进行研究设计的出发点。

创业网络以关系为基本的分析单元，但不应仅关注关系内一方主体的行动，而更要关注关系双方的互动。这种互动表现在行动者双方围绕网络行为的博弈，以及由此引发的资源在行动者之间的来回往复。因此，资源组合效应是本书对创业网络之于新创企业成长的重要解释机制之一，而且这一机制伴随着创业网络的演化过程而适时动态调整。创业网络从形成到演化是与新创企业成长相伴相随的共演化过程，其中包含着新创企业通过试错、学习，从无到有地构建创业网络的过程，也包含着根据环境变化与商业模式调整所诱发的创业网络演化过程。这为我们提供了认识创业网络动态演化的过程机制，即资源组合的动态调整和新创企业的试错学习。探究新创企业在与网络伙伴的关系互动中进行资源编排与竞合动态转换，有助于丰富对创业网络形成与演化过程的理论解释。特别是在平台情境下，创业网络形成的周期缩短，演化更为频繁而快速，捕捉新创企业如何通过创业学习、试错调整等行动推动创业网络的快速形成与演化，将有助于挖掘新创企业成长过程中创业网络的动态性及其影响新创企业成长的作用机制。

创业网络从形成到演化还表现为网络治理推进的过程，其折射出新创企业对网络中关系的管理模式。传统的网络理论指出表征为频繁互动、紧密关系的强联结能够提供丰富的资源与情感支持，但在互联网平台背景下，双边市场驱动的平台企业的创业网络呈几何式增长，新创企业难以承受大规模强联结网络所带来的高治理成本，故代之以松散的网络联结提高网络治理效率。在平台情境下，创业网络治理呈现出正规化与非正规化混合的格局，这并不表现为传统治理机制中契约、信任要素的混合，而是合同、利益分配机制等正规化方式与审核制、登记制等非正规化方式的混合。网络治理方式的选择不仅与网络伙伴的类型与关系性质有关，而且与新创企业利用创业网络的战略布局有关，这凝结成了本系列丛书对创业网络治理效应的解读。

相比传统的创业网络逐步构建过程，平台情境下新创企业需要以更快的速度选择、接入网络伙伴，避免使其最初吸引的网络伙伴因网络形成的迟缓而脱离网络。新创企业的创业网络需要通过一方的基群规模形成对另一方的吸引，这种网络效应来自于新创企业能够快速联结网络伙伴并形成关系黏性，激发并维持网络效应。在传统的工业化背景下，新创企业倾向于与拥有丰富资源的高地位主体建立关系，从而获得有价值的资源。而在互联网背景下，以平台方式成长的新创企业更倾向于寻找能够与自身在价值活动上形成多种类型互补的合作伙伴。这种合作旨在共同实施价值活动，甚至允许顾客直接从伙伴手中获取价值，而非传统方式中整合伙伴资源再由新创企业向顾客传递价值。由此可见，以战略布局为导向，以快速、松散的方式建立蕴含多种类型价值活动互补的创业网络，是平台情境下新创企业依托网络实现高速成长的独特路径，非常值得关注。鉴于此，本系列丛书将创业网络研究拓展至平台生态情境，特别探讨了平台生态情境下创业网络研究的新发展。

基于前述学术认知与判断，2020 年我设计的课题"创业网络对新创企业发展的作用及影响机理"获得国家自然科学基金重点项目资助，在研究过程中不断向专家请教学习，努力克服创业网络研究中的样本收集、变量测量等问题，以及创业网络在平台情境下延伸拓展的理论挑战。创业网络研究大多采用问卷测量，且局限于对网络关系强度、密度等的刻画，而缺乏对网络内容、资源机制、治理机制等关键要素衡量，我们从这一问题破局，设计了"创业企业联盟网络数据库"和"数字创业网络数据库"。从 2017 年初步设计"创业企业联盟网络数据库"的思路与架构，到 2024 年完成"数字创业网络数据库"建设，持续 8 年多时间不断完善的数据库，为本课题研究提供了支持，也为我们观察并认识中国新兴企业的创业网络实践，特别是在互联网平台情境下探索创业网络构建、演化的新问题提供重要基础。

本课题所资助的"创业企业联盟网络数据库"建设，首先得到了浙江大学杨俊教授的指导，我们在 2017—2018 年先后三次召开研讨会，商讨并论证数据编码标准、工作手册编制、工作程序推进等重要事宜。随后，我们先后四次以该数据库开发为主题，召开创新创业前沿论坛，邀请南开大学张玉利教授、中国人民大学郭海教授、中山大学李炜文教授、上海大学于晓宇教授、暨南大学叶文平教授、华中科技大学买忆媛教授和叶竹馨教授等，基于数据库的联合开发合作机制达成共识。"数字创业网络数据库"建设（2022年起）则得到了华中师范大学焦豪教授、浙江工商大学王节祥教授、重庆大学李小玲教授的指导，我们多次召开线上讨论会，围绕数据编码与清洗等事宜进行深入讨论。在不断的交流与讨论中，我们不断地追问什么是新创企业构建创业网络的微观基础条件，新创企业如何撬动创业网络中的多主体间的资源组合，如何治理创业网络以促进创业网络向有利于企业成长的方向演化，创业网络又怎样在平台生态情境下拓展。于是，我们结合两大数据库的统计分析，从四个方面讨论创业网络之于新创企业发展的作用。由此所凝结出的这一系列丛书共四部，分别从战略组织基础、资源组合效应、治理效能机制以及平台生态发展四个维度展开论述，共同构成了创业网络研究的整体逻辑框架，为创业网络的多维机制及其对企业绩效的影响提供了深刻而系统的学理阐释。

1. 战略组织基础：网络构建的微观根基

《创业网络的战略组织基础》从战略与组织的双重视角出发，探讨了新创企业如何通过构建联盟网络来实现商业模式创新与价值共创。研究者深入剖析了创业者及其高管团队和董事会在主动构建与整合网络关系中的关键作用。通过构建创业板上市企业联盟网络数据库，实证揭示了个体层面（如领导者的经验、规模、对外任职等）与组织战略导向对联盟网络形成、演化及企业绩效之间的内在联系。该书不仅为创业网络的形成机制提供了微观逻辑支持，也为后续对资源整合和治理机制的探讨奠定了坚实基础。

2. 资源组合效应：突破新创企业成长瓶颈

《创业网络的资源组合效应》聚焦于资源约束这一新创企业普遍面临的困境。借助创业板企业的样本数据，详细考察了创业企业如何利用联盟组合的多样性（无论是资源属性还是功能属性的多样性）实现资源获取、跨界融合与创新成长。该书既考察了静态视角下联盟组合多样性与企业经营绩效之间的非线性关系，又从动态角度分析了联盟重构对企业业绩的影响，并引入战略柔性概念探讨企业如何在动态竞争中灵活调整资源配置。通过实证验证，该书为资源基础理论在创业网络中的应用提供了新视角，同时也为企业应对环境不确定性提供了战略启示。

3. 治理效能机制：协调与控制的新范式

《创业网络的治理效能机制》则将视野拓宽到网络治理问题。在企业边界日趋模糊、各类组织间关系日益复杂的背景下，如何协调网络中各主体的利益、实现资源与能力的最优配置成为关键挑战。该书分别从股权治理和非股权治理两个层面，系统阐释了联盟网络中治理策略对企业绩效及创新成果的影响机制；同时，又在平台网络情境下探讨了界面治理、过程治理与关系治理等多重治理模式在数字经济环境下的适用性与效应。通过理论构建与基于大样本数据库的实证检验，该书为联盟网络治理及平台网络治理提供了理论解释和实践参考，揭示了治理策略选择对新创企业成长的深层次影响。

4. 平台生态发展：数字化转型下的网络重构

《创业网络的平台生态发展》立足于数字经济背景，探讨了基于数字平台的创业网络新形态。移动互联网和信息技术的深度融合，催生了移动应用等数字产品的快速迭代，也为数字创业者提供了全新的商业模式与网络构建路径。该书通过构建覆盖全球多国、多个品类的"数字创业网络数据库"，从技术创新、商业模式创新、广告网络构建以及同群网络关系四个角度，系统剖析了数字平台情境下创业网络的形成机制和绩效作用。该书不仅揭示了数字平台如何重塑创业生态，也为理解数字化转型过程中企业间关系的演化提供了可观测、可操作的理论工具。

本系列丛书整体构建了一个从微观个体与组织行为到宏观平台生态的创业网络研究体系，既关注创业网络的战略组织与资源整合基础，又深入探讨了网络治理与数字平台背景下的创新模式。各部著作既相互独立，又内在联系，共同回应了新创企业在资源有限、竞争激烈和数字化转型背景下如何通过构建和优化创业网络实现突破性发展的核心命题。本系列丛书的理论创新与实证研究不仅为创业网络及相关领域的学术研究提供了丰富的理论视角和数据支持，也为创业实践者、政策制定者及企业管理者在制定战略和优化资源配置时提供了重要参考。本系列丛书在设计、写作和修改过程中，得到了不少业界同行和朋友的指导和帮助，在此一并感谢。特别感谢南开大学张玉利教授、吉林大学蔡莉教授等资深专家在本系列丛书所依托数据库建设中给予我们的学术指导。

我总体设计了"创业企业联盟网络数据库"和"数字创业网络数据库"的架构，特别感谢在"创业企业联盟网络数据库"编码过程中负责组建编码团队、组织变量编码与信效度检验的西南政法大学胡新华教授、邓渝教授、周杰教授，以及在"数字创业网络数据库"编码过程中负责组建编码团队、组织变量编码与清洗的西南政法大学刘璘琳副教授、张兢博士。特别感谢参与两个数据库编码的各位同学：黄小凤、喻毅、姜天琦、齐淑芳、周月姣、姚博闻、蒙怡霏、彭惠娟、阳圆、张叶、刘希睿、付癸钰、熊言熙、刘涵睿、陈宇娇、高淋、周芊、周奕杜、黄海娟、周埝桦、刘俊荣、石一伶、宁婕、周玉婷、周明月、罗诗雅、秦明星、殷婕、李可、印佳欣、张玉、阙小钧、曾蕾、萧皓天、伍小康。

未来，随着数字经济的不断深入发展与平台生态的持续演变，创业网络的构建与治理问题仍将呈现出新的研究情境和挑战，期望本系列丛书能够激发更多学者和实践者关注这一前沿领域，推动理论与实践的深度融合与共同进步。

韩炜

西南政法大学商学院

2025 年 1 月 30 日于重庆

前　言

在信息技术日新月异的时代，创业已不再是孤立的商业行动，而是一个融入了复杂网络和战略组织的动态过程。越来越多的创业型企业、中小企业倾向于与一个或者多个企业建立合作关系，借助外部网络获取资源以谋求成长。然而，互联网和信息技术的广泛应用赋予了创业情境新的内容与特征，创业网络不仅扮演着资源供给的角色，更重要的是，创业网络成为创业企业设计商业模式、实现价值共创的重要内容。

利用创业网络来促进新创企业生成和成长，是创业研究领域的经典话题。有关创业网络的既有研究大多数以机会为主线，注重挖掘基于社会属性的网络关系如何为机会识别和开发活动提供信息、资源、声誉、合法性等支持的作用机理，同时进一步揭示创业网络从人格化网络发展至非人格化网络的过程机制。基于互联网和信息技术等诱发的连接红利和网络效应，商业模式创新被认为是解释新兴平台企业生成和成长的主流逻辑，与机会强调价值创造的可能性不同，商业模式本质上是以价值创造和获取为主要逻辑的跨边界组织交易关系，因此创业者在创业之初就注重聚焦于商业模式实施来布局其网络关系，同时因商业模式天生的经济属性，这一网络关系不再拘泥于社会属性关系的聚合，而是社会属性（例如个人网络）与经济属性（例如交易关系）相融合的混合网络，一旦布局成功，就会呈现为快速的非线性成长，产生强劲的颠覆效应。

基于上述学术判断，我们不难得出创业网络并非自然诞生而是自发构建的观点，那么创业网络如何形成，哪些因素是创业网络形成的关键？已有文献主要从创业者或创业团队与新创企业两个层次展开研究。从创业者或创业团队层面来看，尽管学者们仍较多地关注创业者个人特质、行为模式、社会能力对创业网络形成的影响（Neumeyer et al.，2019；Roberts et al.，2008），但其背后所折射出的是特质因素中可能对外部关系建立产生影响的维度，如自我控制（Oh & Kilduff，2008）、群体导向与外向性特征（Kalish & Robins，2006；Klein et al.，2004）、社会表达与感知能力（Baron & Markman，2003）、网络联结的能力（Batjargal，2010）等。从新创企业层面来看，企业的战略导向及其聚焦于外部关系方面的能力是影响创业网络形成的重要因素（Sorenson et al.，2008；Hoang & Yi，2015；Patzelt et al.，2008）。

在拓展已有研究基础上，本书着重从战略与组织的角度探讨创业网络形成的微观基础。从战略的角度看，意在立足创业企业的商业模式挖掘其对创业网络形成的影响；而从组织的角度看，意在立足创业企业高管团队与董事会揭示其影响创业网络构建的规律。本书首先从创业网络的历史演变出发，阐释了以创业企业联盟组合作为分析单元刻画创业网络的合理性与可行性；进而，深入剖析了高管团队和董事层面的个体网络如何塑造联盟网络、创业企业商业模式创新如何影响联盟网络、创业企业商业模式创新如何影响组织网络演化、创业企业组织网络演化如何影响企业绩效四个相互关联的研究问题。依托创业板上市企业联盟网络数据库展开分析，所得到的结论能够对上述问题的回答提供经验证据，为创业网络如何塑造和推动新创企业的发展和战略决策构建微观基础并提供未来可探索的方向。

为了实现上述研究目的，也为了拓展创业网络研究的范畴与问题，课题组自 2016 年开始就在筹划建设创业网络数据库。经过深入分析和讨论，我们以在创业板初上市的企业为研究对象，聚焦以联盟的形式建立网络的现象，建设了创业企业联盟网络数据库。该数据库以 2009—2016 年在创业板上市的企业为主要构成，以企业上市当年为研究的始点，根据他们发布的《联盟公告》识别其中构建了两个及以上联盟的企业作为研究样本。数据库的建设与开发让我们突破了以往使用问卷调查法仅能刻画关系强度等结构变量的局限，而有机会利用二手数据刻画创业网络的全貌。基于对数据的统计分析和理论讨论，本书包括以下内容。

第一，聚焦创业企业联盟组合的网络特征，从创业企业的网络结构与属性特征，包括创业企业上市后所构建联盟组合的整体规模、联盟组合所蕴含的交互关联性（多样性指标）以及其他特征出发，发现不同联盟组合所存在的差异性网络特征。

第二，利用创业板上市企业联盟网络数据库深入分析了高管团队和董事会层面的个体网络结构如何塑造联盟网络。通过研究高管团队和董事会的规模、经验、持股比例和对外任职情况，揭示了内部领导层如何通过其个人和集体网络影响联盟网络的形成及发展，发现高管团队规模和经验结构是影响创业企业联盟网络构建差异的重要原因，董事会成员的个人属性和集体属性同样会诱发创业企业联盟网络构建差异。

第三，创业企业的商业模式创新与组织网络演化之间的关系也是本书的核心议题之一。探讨了创业企业商业模式创新如何影响组织网络演化以及这种演化如何影响企业绩效，发现商业模式创新具有客户网络效应和供应商网络效应，创业企业在商业模式效率和新颖维度表现出不同的创新时，驱动了客户网络和供应商网络的演化，同时这些演化对企业绩效有着重要影响。

基于上述发现，本书为创业网络研究提供了重要启示。首先，从高管团队和董事会层面丰富了创业企业联盟网络特征差异的理论解释与经验证据，为后续深入挖掘个体层面网络结构影响联盟网络的中间作用机制提供研究基础；其次，揭示了创业企业商业模式创新影响组织网络演化的差异化作用路径，为厘清网络与商业模式创新的关系，建立商业模式创新实践的网络基础提供方向；最后，本书旨在为学者、企业家、政策制定者以及对创业和创新感兴趣的读者提供实践洞见。在探索创业网络的战略组织基础的同时，本书也希望能激发更多关于如何在数字技术快速发展的环境中成功创业和创新的思考。

目 录

第1章 创业网络研究因情境而丰富

关于网络的研究可以追溯到 20 世纪六七十年代，而将网络用于创业情境却是在八十年代以后。1986 年，奥尔德里奇和齐默（Aldrich & Zimmer）指出创业者嵌入社会网络的现象在创业过程中扮演着重要的角色。此后，大量研究开始围绕创业者社会网络展开，借鉴社会网络的基础理论与分析工具，阐释创业者所利用之创业网络的结构属性与内容属性。进入 21 世纪，创业网络研究逐渐由聚焦于静态特征的焦点研究转向关注动态特征的过程研究，努力揭示创业过程中创业网络从形成到演化的动态过程。近几年，互联网和数字经济的蓬勃发展，催生了数字创业、平台创业等新的创业类型，以及平台网络、生态系统等新的网络形式，这些新现象也使得学者们意识到创业网络的功能性及其被构建、调用的方式在发生变化，促使创业网络这一传统而经典的话题被赋予新的含义而引发新一轮的关注。由此，创业网络由狭义的人际网络到个人化社会网络与非个人化商业网络的混合形态，再到平台情境下创业网络的转型，其概念与内容因创业情境的变化而不断丰富、拓展。

1.1 创业网络概念的理论属性

为了对创业网络的概念内涵及其构成维度作出清晰的解释，需要基于理论对其进行构念处理。尽管创业网络是创业研究的经典话题，而从已有文献来看，学术界还没有对创业网络的概念内涵达成共识（Hoang & Yi，2015；Shepherd et al.，2021），但文献中对创业网络概念维度的划分逐渐趋于收敛，这为我们从根本上把握创业网络的概念内涵奠定了基础。不同学科对网络的定义相去甚远，这源于在不同的学科范畴或研究领域中，网络所蕴含的理论属性存在差异（Jack，2010）。创业网络研究是在创业情境下探讨网络问题，而随着创业情境中技术要素、资源要素、创业者特质以及不确定性程度等不断变化，创业网络的概念内涵及其理论属性随之转变。从研究对象来看，创业网络研究经历了由创业者个人化网络向非个人化网络的转变（Peng，2003）；而从研究内容来看，创业网络研究逐步由社会网络向商业网络转变，也逐步衍生出支持网络、资源网络、模块网络、生态网络等多种类型（Lechner & Dowling，2003；Schutjens & Stam，2003；Srinivasan & Ventatraman，2018；Wal et al.，2016；Tasselli et al.，2015）。在这一过程中，学者们对于创业网络研究的焦点，以及基于此对创业网络的界定都在发生变化。

早期的创业网络研究聚焦于创业者个体层面，且由于人在社会中的人际交往特征，导致创业网络的学术属性集中于创业者社会网络。莱希纳等（Lechne et al.，2006）将个体网络定义为创业者个人与其他个体（包括家人、朋友以及同事等）之间正向且固定的关系，这种关系往往发生在创业活动之前，通常是创业者所主导的创业活动启动资源的主要来源。之所以关注创业网络的社会属性，是由于新生创业者往往面对着资源缺乏、合法性缺失的新进入缺陷，创业者亟须建立连接外部资源的通道以获取创业所需的资源，这引起学者们的关注与思考：创业资源从何而来？社会学关于社会网络的探讨刚好回答了这一问题。当格兰诺维特（Granovetter，1985）提出"经济行动嵌入于社会关系中"这一观点时，创业学者敏锐地认识到创业行动作为一种经济行动同样具有社会嵌入性（Anderson et al.，2007；Greve & Salaff，2003）。因此，援引社会网络的分析思路与工具，创业网络的研究者们开始探讨创业网络的资源渠道功能，并揭示出创业者或创业团队的不同特征所诱发的创业网络结构与内容差异，以及这种差异对创业过程的影响。

基于社会网络的单一学术属性来理解创业网络的内容与结构特征，导致早期研究过分强调创业活动的社会性，而忽视了创业兼具社会属性和经济属性的"一体两面"特征（Uzzi，1997）。从理论层面来看，单纯把创业网络理解为创业者的社会网络，无法将创业网络的模块互补、价值共创等活动层面的功能，与资源获取、情感支持等资源层面的功能统合在一起，也难以形成对创业网络学术属性的完整判断（Tasselli et al.，2015；Spigel，2017）。从实践层面来看，创业企业成长必然要依赖以企业为纽带、围绕交易与合作展开的创业网络，仅仅依靠创业者个人的社会网络难以支撑创业企业的快速发展，而且过度依赖个人化网络也会为创业者带来明显的资源约束。因此，有必要融合创业网络的社会属性与商业属性，不仅关注创业者个体层面的网络，还要关注创业企业作为焦点的企业间网络。

随着研究开始关注伴随创业企业成长的创业网络演化过程，研究焦点也逐渐由创业者社会网络向创业企业商业网络拓展。从商业网络角度出发的创业网络研究，不单是将焦点放在创业企业本身，更重要的是，聚焦在网络内容、网络结构及网络管理上，这与以社会网络视角进行的创业网络研究呈现出显著区别（Slotte-Kock & Coviello，2010）。互联网和信息技术的广泛应用赋予创业情境以新的内容与特征，学者们也捕捉到个体之间的人际关系、组织之间的交易关系都发生了根本性的变化，因而对互联网背景下以平台为媒介的网络给予了较多的关注，大体呈现出两类研究。一类研究是将创业企业视为平台的发起者，专注于这些企业如何设计和建构有利于平台发展的创业网络，目的是实现与网络中其他参与者之间的价值共创（Snihur et al.，2018；Autio et al.，2018；Dantté et al.，2018）。另一类研究是把创业企业看作是加入成熟企业平台的参与方，关注它们在这些平台上进行的创业活动（Wang & Miller，2020；Srinivasan & Ventatraman，2018）。

综上所述，创业网络的研究焦点历经个人化社会网络，到融合具有商业属性的非个人化网络的混合网络，再到互联网情境下以平台为媒介的网络，这不仅是概念内涵的变化，本质上更体现出创业网络因创业情境变化而不断丰富的概念构成与内容。在当前互联网与信息技术的发展与应用使得创业情境更为丰满而多变的情况下，聚焦以平台为媒介、侧重商业属性的创业网络，更有利于揭示创业企业依托创业网络实现高速成长的内在规律。

1.2　创业网络研究的发展脉络

纵向来看，围绕创业网络的研究大体可以分为以下三个阶段。

第一阶段（20 世纪 80 年代至 90 年代），以创业者的社会关系网络为主要研究对象，聚焦于创业网络的构成内容与结构特征，捕捉创业网络的静态属性对创业的作用。关于创业网络的静态特征，研究大体形成两种认识：一种是从整体网络角度审视创业网络的结构，另一种是从关系联结角度探究创业网络的内容。从研究成果所呈现的观点来看，这一阶段的研究主要关注了创业网络的客观存量特征，研究了创业者与什么样的网络主体建立什么样的关系更有利于创业行动的实施，以及由不同的关系所构造的网络结构会对创业过程产生何种影响。但此类研究以创业网络的存在性为前提，即默认创业者实施创业时即拥有社会网络，着重探讨创业者经由社会网络对网络中既存资源的获取与调用，而忽视了创业网络生成前的过程以及生成后随环境变化的演化过程，这引发了学者们对创业网络动态过程的关注。

第二阶段（20 世纪 90 年代中期至 21 世纪初），尽管研究对象仍然没有脱离创业者，但研究焦点转向创业网络的过程特征，挖掘创业网络形成到演化的过程对创业的影响。在这一背景下，学者们对"过程"的学理认识逐渐由时间维度下的序列性活动，拓展至多个理论视角下的理解，如采用辩证逻辑观点将过程视为事物发展进程中，通过平衡多方力量以解决矛盾、冲突的非连续序列；采用进化论观点将过程视为一种环境影响下历经变异、选择、保留的优胜劣汰式变革；采用因果逻辑将过程解释为具有时间特征的变量间的因果关系（Van de Ven，1992）。

　　由于对创业网络动态性的关注，浮现出多种考察网络过程的理论视角，创业网络研究开始将研究对象由创业者社会网络向新企业商业网络拓展。商业网络视角下创业网络研究的特殊性，不仅在于网络以新创企业或创业企业为焦点，而不是创业者个体，更在于商业网络视角对网络内容、网络结构乃至网络管理各方面都与社会网络视角下的创业网络研究存在差异（Slotte-Kock & Coviello，2010）。具体而言，第一，商业网络视角关注关系内行动者双方对关系的相反感知，并寻找机会改善自身相对于伙伴的依赖地位（Håkansson & Snehota，1995）。由此，商业网络视角下的创业网络研究更关注行动者之间的互动，而不是新创企业作为焦点的行动（Ozcan & Eisenhardt，2009）。从这一点出发，当新创企业与伙伴形成对彼此关系的不同感知，如机会或威胁感知，会引发竞合关系的形成与动态互动（Katila et al.，2008；Pahnke et al.，2015）。第二，商业网络视角主张网络结构的非稳定性，即网络蕴含着动态特质，常表现为不间断的网络重组活动（Hånkasson & Snehota，1995）。反映在创业网络研究中，即使创业网络出现了短暂的均衡，即网络伙伴相对稳定，现有关系仍会在内容与强度上呈现出变化。这意味着，有必要从网络伙伴、关系内容、关系强度等多个维度探讨创业网络的演化。第三，商业网络视角还将网络视为包含多种关系类型的组合，例如积极或消极的关系、竞争或合作的关系、依赖或游离的关系等。在认可关系异质性基础上，创业网络研究对多种联结类型给予了关注，如休眠联结、冗余联结等。厘清网络中关系的异质性，而不是将其视为同质的联结，有助于识别联结所蕴含的资源异质性，以及联结中关系主体的互动差异。援引商业网络视角回答创业网络的相关问题，使得创业网络研究的范围进一步拓宽，丰富对创业网络内容与运行规律的理解。

　　第三阶段（近五年），聚焦于互联网背景下创业网络的新形态与新特征，关注这些新变化对创业的影响。互联网和信息技术的广泛应用使得产业数字化势不可挡，随着互联网大幅度降低了信息传递与沟通、交易建立与管理的成本，个体之间的人际关系、组织之间的交易关系都发生了根本性的变化。学者们也捕捉到了这一现象，围绕互联网背景下以平台为媒介的网络给予了较多的关注，大体呈现出两类研究。一类研究以新企业作为平台的发起者，关注新企业如何设计并建构促进平台发展的创业网络，从而实现与网络参与者的价值共创（Snihur et al.，2018；Autio et al.，2018；Danttee et al.，2018）。这类研究将网络作为分析互联网平台的工具，利用网络的直接效应和间接效应解释平台诱发新企业绩效的逻辑，利用结构特征解读创业网络的互补特性。尽管有学者指出不能将网络与平台、生态划等号，网络理论也不能解释平台生态中的全部问题，但网络确实是可利用的分析工具，同时需要整合生物学中的生态观、战略管理理论以及创业理论，多角度地探讨平台背景下的创业网络。另一类研究以新企业作为平台的参与者，关注新企业在成熟企业平台中的创业活动（Wang & Miller，2020；Srinivasan & Ventatraman，2018）。这类研究为创业活动的开展赋予了新的情境，平台的开放性使得新企业能够连接其原本不可能产生交易关系的个体或组织（Mcintyre & Srinivasan，2017），新企业所能接入、调用的网络被扩大且更为多样化。互联网情境引领着创业网络研究走向新的空间，这不仅引发学者们对网络形态、类型新变化的关注，更推动了关于创业网络功能性及其驱动创业过程与新企业成长的逻辑解释。

1.3　创业网络形成与演化过程

随着关于创业网络的概念内涵及其静态特征的研究逐步走向收敛，学者们开始思考创业网络从何而来，如何发展演化等过程问题，使得研究焦点转向创业网络的过程特征，挖掘创业网络形成到演化的过程对创业的影响。然而，已有研究大多将创业网络的形成与演化区分开来单独研究，部分研究不设立形成与演化的界限而从其过程整体角度展开研究，使得我们尚难以认识创业网络"从无到有"的形成过程与"从小到大"的演化过程的关联性与相互影响。

学者们对于创业网络"过程"的学理认识，逐渐由时间维度下序列性活动单一解释，拓展至多个理论视角下的差异化理解。如采用辩证逻辑观点，将过程视为事物发展进程中，通过平衡多方力量以解决矛盾、冲突的非连续序列；或采用进化论观点，将过程视为一种环境影响下历经变异、选择、保留的优胜劣汰式变革；抑或采用因果逻辑，将过程解释为具有时间特征的变量间因果关系（Van de Ven，1992）。基于对过程的多角度认识，关于创业网络的过程研究，一方面，围绕创业企业生成过程中创业网络的形成展开研究。无论是拉森和斯塔尔（Larson & Starr，1993）的经典"创业企业生成模型"还是海特和赫斯特利（Hite & Hesterly，2001）围绕创业网络类型转换的讨论，研究主要聚焦于创业者通过选择合作伙伴、建立网络关系等一系列事件构成网络过程的阶段性特征。另一方面，有些研究聚焦于具有时间特征的变量间的因果关系，考察随着创业企业的成长，创业网络在哪些方面呈现出演变特征以及这种演变与创业企业成长的关系如何（Elfring & Hulsink，2003；Jack，2005；Lechner & Dowling，2003；Schutjens & Stam，2003）。

1.3.1 创业网络形成的过程机制

创业网络的形成是指以创业企业为核心的关系组合的确立，当企业间分工规则与程序得以建立（Larson，1992；Butler & Hansen，1991）、利益分配方案逐步确立（Bartholomew & Smith，2006），且网络关系结构得到参与者的普遍认可（Tasselli et al.，2015）时，标志着创业网络被构建起来，形成过程也随之结束。创业网络形成是一个双边联结建立，推动整体网络构造确立的过程。对这一过程的解读，已有研究大体形成"行动驱动"与"因素驱动"两类不同的观点。

"行动驱动"的观点采用由行动序列构成的过程化研究设计，将生命周期理论视为创业网络形成的理论基础，认为创业网络的形成是创业企业搜寻伙伴信息、初步接触伙伴、建立双边联结、信任关系确立、关系传递至其他伙伴等一系列行动组成的过程（Larson & Starr，1993；Van de Ven &

Poole, 1995；Hite, 2003, 2005）。从"行动驱动"观点刻画的创业网络形成机制来看，已有研究一方面主张行动驱动的创业网络形成过程与创业企业生成过程相伴相随，创业者往往根据创立创业企业的需求来进行网络伙伴的选择以及网络行动的实施；另一方面也发现双边联结是创业网络形成的基础，伴随着联结对象确立与联结关系的建立，双边联结形成进而诱发网络的构建。因此，创业网络形成是一个双边联结诱发的行动驱动过程。

"因素驱动"的观点采用诱因—结果的因果关系检验的研究设计，将网络理论作为创业网络形成的理论基础，认为创业网络的形成是特定要素诱发的因果过程（Hoang & Yi, 2015）。从"因素驱动"的观点刻画的创业网络形成机制来看，部分学者赞同客观性分析逻辑，主张在创立之初面临着资源与合法性约束的创业企业，其对资源的客观需求促进了创业网络的形成，而所需资源的类型也直接影响到创业网络的形态（Hanna & Walsh, 2008；Shaw, 2006）。部分学者遵从主观性分析逻辑，主张创业网络的形成源于创业者评估自身资源缺口及其对外部资源的匹配性要求，从而表现出创业企业在创业网络形成中的战略主动性（Phillips et al., 2013；Ibarra & Barbulescu, 2010）。这种主动性一方面立足相似相吸理论认为创业企业会基于战略一致性观点，搜寻与创业者自身或创业企业存在相似性的个体或组织建立网络关系；另一方面受战略导向影响，认为网络伙伴对创业企业战略目标达成的贡献度是影响创业企业进行伙伴选择与匹配，进而构建创业网络的关键因素（Vissa, 2011）。

"行动驱动"与"因素驱动"这两种观点都对我们认识创业网络的形成作出了贡献，相比较而言，前者突出生命周期视角下对创业网络形成过程的完整性刻画，后者则侧重挖掘影响创业网络形成的关键诱因并解释其内在逻辑。单纯立足一种观点，仅能够呈现出创业网络形成的一个侧面，只有将两种观点整合起来，才能够挖掘出诱因驱动下创业网络形成的行动过程，揭示创业网络形成的科学规律。

从创业网络形成的驱动因素来看，已有文献分别从创业者或创业团队与创业企业两个层次展开研究。探讨创业网络形成的驱动因素，其研究前提在于学者们认可创业者或创业企业在创业网络形成中的主动性角色（Ho-ang & Antoncic，2003；Wang，2016）。这种主动性源自创业者或创业团队的特质与能力，还来自创业企业的战略导向与网络能力。从创业者或团队层面来看，尽管学者们仍较多地关注创业者个人特质、行为模式、社会能力对创业网络形成的影响（Neumeyer et al.，2019），但其背后所折射出的是特质因素中可能对外部关系建立产生影响的维度。如关于自我控制（Oh & Kilduff，2008）、群体导向与外向性特征（Kalish & Robins，2006）、社会表达与感知能力（Baron & Markman，2003）、网络联结的能力（Batjargal，2010）等特质因素的探讨，其基本假设在于，有助于快速发展与他人关系的特质，更易于推动具有社会属性的创业网络形成。从创业企业层面来看，企业的战略导向及其聚焦于外部关系方面的能力是影响创业网络形成的重要因素。有研究甚至将通过构建外部网络关系而谋求创业企业成长的战略导向定义为网络导向，意在强调创业企业战略对创业网络形成的引导作用（Sorenson et al.，2008）。创业企业是否通过创业网络所蕴含的合作关系促进外向性战略目标的实现，是否在收集、筛选、获取、整合外部资源方面作出更多的战略承诺与投入，这些战略意图与战略行动都会对创业网络的形成产生重要影响（Hoang & Yi，2015；Patzelt et al.，2008）。

综合创业网络形成的驱动因素与机制来看，"行动驱动"与"因素驱动"的观点为挖掘创业网络形成过程规律提供了研究基础，但已有研究仍拘泥于单一观点视域下的过程刻画或因素作用检验，缺乏融合两种观点的整合性研究，即对在什么样的因素驱动下，创业企业采用什么样的行动过程更能够促进创业网络的形成认识不足。更进一步，在创业网络形成的驱动因素挖掘方面，已有研究对创业企业的战略主动性的关注为本课题提供了重要基础，但研究成果尚不丰富，研究结论也多凸显战略目标与创业网络形成的匹配，而缺乏对战略目标经由什么样的路径促进创业网络形成过程的机制挖掘。事实上，创业企业撬动外部资源以谋求成长的战略目标，经过商业模式设计与外部价值活动打造与互补者的关系，从而推动创业网络的构建，才是解释创业网络形成的关键路径。更重要的是，在平台情境下高成长的创业企业需要快速建立创业网络，同样的驱动因素可能诱发不同的创业网络，意味着传统情境下的创业网络驱动因素的影响作用，可能会在平台情境下发生变化，这就需要深入平台情境挖掘驱动因素影响创业网络形成的差异化作用。

1.3.2 创业网络演化的过程机制

创业网络形成以后，环境的不断变化会使得创业网络难以适应创业企业成长的需要，促使创业网络在伙伴（节点）、关系（联结）等多个层面发生演化。这种演化主要反映在两个维度上：一是双边联结层面的演化，表现为以联结为载体的关系要素变化；二是整体网络层面的演化，表现为以网络为载体的结构要素变化，以及网络类型间的转化。

创业网络的演化往往发端于双边联结层面，表现为伙伴诱发的联结变化或强度驱动的关系变化。一方面，经由创业企业选择新的网络伙伴或变更现有伙伴，联结对象带动联结所承载的资源发生变化。例如，瓦斯默和杜苏阿奇（Wassmer & Dussuage，2012）关于新联盟建立的研究指出，企业往往以经由联盟所获资源与其既有资源的匹配程度来决定是否选择新伙伴建立新联盟，这意味着联盟会因伙伴的变化而为焦点企业带来不同的资源。另一方面，随着创业企业与伙伴间合作的加深，双方更愿意对关系联结进行专用性资源投入，促进联结的强度属性发生变化。例如，莱希纳和道林（Lechner & Dowling，2003）、莱希纳（2006）主张创业企业必须推动弱联结向强联结的转化，这样更有利于提升创业成功率。海特（Hite，2003，2005）则对创业网络联结向关系型嵌入的转变过程进行了研究。嵌入所体现的是比联结更为深入、紧密的关系结构，折射出关系的社会性特征。但嵌入并不仅是强度更高的联结，它反映出关系的内容，是联结双方相互理解、信任和承诺的达成程度及过程（Granovetter，1992；Uzzi，1997；Gulati，1998，1999）。无论是网络伙伴变更还是联结强度变化，其本质上反映出联结层面的资源内容变化，这种变化可能是伙伴变更所带来的资源类型变化，也可能是联结强度诱发的资源数量与质量变化，这进一步引致网络层面资源结构的演化。

双边联结层面的变化传递至网络层面，会引发创业网络的演化（Slotte-Kock & Coviello，2010）。从网络整体角度来看，创业网络的演化一方面表现为网络特征的变化，另一方面表现为不同类型网络间的转化。从网络特征变化角度来看，网络层面的演化往往具有联结诱发特征，即新伙伴增加驱动网络规模的扩大，强联结数量的增多带动网络强度的提升。然而，学者们并没有从双边联结诱发的角度考察创业网络的演化，而是独立地将网络视为整体观察其在时间维度上的演化，因而可能形成与联结层面演化不一致的研究结论。例如，海特（2003）指出，在创业网络发展过程中，网络强度和内聚力都会逐渐减弱。这与前述沿双边联结层面探讨的网络强度变化形成相反的研究结论。这也意味着有必要从联结层面挖掘其诱发创业网络演化的内在机制，呼应了创业网络学者所指出的创业网络演化研究未来应关注的问题（Hoang & Yi，2015）。从网络类型转化角度来看，研究首先对创业网络类型进行细化，进而将网络的细致类型与创业企业成长阶段进行匹配，以挖掘出创业网络演化的路径。如海特和赫斯特利（Hite & Hesterly，2001）主张的基于身份识别的网络向基于经济计算网络的转化，内聚式网络向结构洞网络的转化；莱希纳（2003，2006）指出，随着创业企业的成长，社会声誉网络的重要性在降低，而企业间合作网络的重要性在增强。从总体上来看，以结构变量衡量的创业网络变化，以及以网络类型转化刻画的创业网络演化，都反映出创业网络资源结构的变化（Ebbers & Wijnberg，2019），但资源结构如何在创业网络演化过程中不断变化，创业企业如何利用创业网络演化驱动资源结构的调整，以利于其对资源的安排与调用，已有研究尚未能作出深入解释，而这也是本书挖掘过程机制的关键。

创业企业掌控创业网络的能力非常有限，其能够驾驭双边联结的伙伴调整与关系增进，但很难直接、快速地推进创业网络整体的演化。因此，尽管已有研究主张创业网络的演化是双边联结层面的变化传递至网络层面所驱动的（Slotte-Kock & Coviello，2010），但这中间的传导机制在于联结间的交互作用。基于这一认识，相关研究围绕以联结间交互关联为核心属性的联结组合展开研究，发现创业网络中创业企业经由既有网络伙伴的第三方媒介作用，能够将良好的合作关系与信任传递至新伙伴（Uzzi，1997），拓展网络的边界；创业企业与伙伴间合作的加深，也会吸引更多的潜在伙伴与创业企业建立联结（Wassmer & Dussauge，2012），甚至包括与创业企业存在竞争关系的在位企业（Ansari et al.，2016）；当伙伴所在领域或所从事的价值活动成为竞争的焦点时，创业企业会寻求与这些伙伴的合作，基于此塑造竞争优势（Hannah & Eisenhardt，2018）。关于联结间交互作用的研究显示，竞争与合作可能是驱动"联结—网络"演化传递过程的内在机制，经由竞合动态的传导作用，联结层面的变化如水中投石，逐步带来创业网络层面的演化，这为本书挖掘创业网络演化过程的内在机制提供了重要思路。

综上可知，已有研究对于"什么在演化"进行了比较深入的研究，对于"演化如何产生"有了一定程度的了解，而对"为何如此演化"还知之甚少。首先，从联结层面到网络层面再到联结组合层面，已有研究展示出哪些要素与特征在发生变化，且以生命周期理论为主要的理论基础，描绘创业企业生成到成长过程中创业网络要素变化的共演化过程（Prashantham & Dhanaraj，2010）。这一类研究对创业网络演化的客观描述有一定的贡献，但不足以让人们深入认识创业网络演化的内在机理，即对"演化如何产生"与"为何如此演化"的解释力不足。其次，已有研究对创业网络的演化如何产生作出了一定程度的解释，得到的共识是所有网络活动都是创业企业有意识的行为，且具有明确的目的。创业网络演化是创业企业应对市场环境所作出的适应性反应（Hite，2005；Schutjens & Stam，2003；Steier & Greenwood，2000），而其表现形式是通过对网络要素的调整推动网络整体的变化（Lefebvre et al.，2015），而这一类研究主要采用企业战略理论作为主要的理论基础，反映了创业网络具有战略目的性的演化过程（Dagnino et al.，2016）。值得注意的是，从战略管理理论来看，资源是活动的基础，这意味着资源结构的形成与调整是创业企业所有战略目的的核心，但已有研究对于资源结构如何伴随创业网络的演化而不断调整的内在机理尚缺乏深入研究。最后，当前研究对创业网络"为什么如此演化"，即演化过程的内在规律尚认识不足。单纯从创业企业的独立视角很难对创业网络演化机理作出有力的理论解释，从网络理论来看，伴随着因竞争威胁而导致的旧伙伴与关系的退出，以及因合作潜力而吸引的新伙伴和关系的建立（Greve et al.，2013），创业网络的演化过程必定是多主体动态互动的结果，其中蕴含着竞争与合作（Colombelli et al.，2019）。已有关于创业网络的研究较多地关注合作导向的网络功能，对于创业网络所蕴含的竞合关系及其特征认知不足，更缺乏对创业网络演化过程中竞合动态性的机理解析，最终使得我们对创业网络为何如此演化知之甚少。

1.4　创业网络形成与发展过程中的驱动因素与机制

随着对创业网络概念的界定逐步收敛，学者们逐渐开始思考创业网络从何而来。由于创业网络具有多元关系的理论属性与多维度的要素类型，只有从研究视角与研究层次两个方面进行梳理，才可能对创业网络形成与发展过程中的驱动因素形成比较完整的解读。

1.4.1　研究视角

就研究视角而言，通过文献梳理可以发现已有研究对创业网络的形成与发展存在"程序导向（procedure-oriented）"与"目标导向（goal-orien-ted）"两类不同的认识。

程序导向的观点偏向被动发展，他们将生命周期逻辑视为创业网络形成与发展的底层理论，这一观点自创业网络研究产生之初就被拉森与斯塔尔（1993）提出，即创业网络伴随新创企业本身得以产生与发展，而联结对象是网络的具体内容，因此从生命周期的视角提出伴随新创企业依据成立与发展过程中的需求变化选择联结对象，创业网络也伴随联结对象（Van de Ven & Poole，1995）与联结关系（Hite，2003，2005）的变化自然产生与发展。

目标导向的观点则偏向战略主动，强调了目标导向行为如何促进新的关系形成与调整。对于新创企业而言构建并拓展创业网络的初始动因源于其资源与合法性约束，因此向外获取资源与信息的目标促使创业网络形成，资源与信息的类型会直接影响或改变创业网络的形态（Hanna & Walsh，2008），多样性的资源与信息类型同时存在也触发了联结组合的产生（Ozcan & Eisenhardt，2009）。目标导向的另一理论视角强调匹配对创业网络形成的作用机制，即在联结关系建立之前，新创企业会主动评估匹配的程度并将其作为进一步行动的依据，而匹配程度主要受到两个方面因素的影响。一是联结对象与自身的相似性，相似吸引理论会将信任与有效沟通等促进良好合作的机制归因于相似；二是联结对象对促成自身战略目标达成的可能性（Vissa，2011）。

比较而言，"程序导向"与"目标导向"对人们认识创业网络形成与发展都产生了贡献，前者强调生命周期的视角能够更全面地呈现创业网络形成与发展的完整性，后者强调战略主动的视角能够更深入挖掘创业网络形成的内在逻辑。

1.4.2　研究层次

就研究层次而言，已有文献分别从创业者、创业企业与创业团队等不同层次探索创业网络的驱动因素。

第一，对创业者个体层次特征驱动创业网络构建的研究，学者们比较自然地从创业者个人特质、激励水平以及行为模式出发去探索影响创业网络形成的因素，其中个人特质是受到最多关注的因素，包括年龄、性别等显性人口特征因素（Neumeyer et al.，2019），当然更重要的是个人特质中可能影响对外关系的维度为创业网络产生提供了不少的证据，其基本假设是有助于快速发展与他人关系的特质更容易推动基于社会网络的创业网络产生，包括自我控制（Oh & Kilduff，2008）、群体导向以及外向性特征等（Kalish & Robins，2006）。与个人特质具有相似逻辑的因素还包括个人能力，尤其是着眼于社交关系方面的能力，包括社会表达与感知能力（Baron & Markman，2003）、网络联结的能力（Batjargal，2010）等。

第二，企业层次因素驱动创业网络构建的研究可以被大致分为两类：一类集中于企业的战略导向，主要关注企业是否存在合作网络导向的外向性战略目标，这种着眼于合作网络的战略导向可能通过不同的创业活动表现出来，例如企业在收集与获取外部资源上的投入程度（Sorenson et al.，2008）；另一类集中于企业的能力，其中着眼于网络关系形成的能力外延比较广泛，包括企业自身的能力、经验以及组织结构（Hoang & Yi，2015；Patzelt et al.，2008）等。

第三，创业层次的研究既包括创始人团队，也包括创业企业战略决策团队，如董事会或高管团队。可以比较明显地看出，研究者们对创业团队层次因素驱动创业网络构建的研究遵循了一般的团队动力学的研究范式，分别考察了团队构成（Grandi & Grimaldi，2003）、结构（Beckman et al.，2014）、过程（Brinckmann & Hoegl，2011；Vissa & Chacar，2009）与能力（Maurer & Ebers，2006）等不同维度驱使创业网络形成与发展的因素。

综合来看，已有研究对于创业网络形成与发展的驱动因素的讨论看似比较丰富，但一方面缺少对不同研究视角、不同研究层次驱动因素的系统梳理，另一方面能够整合多视角与多层次的组合研究更是几乎没有。更重要的是，在互联网情境下，高成长的新企业需要快速建立创业网络，由于我们对驱动因素如何引发创业网络形成与发展的过程机制仍不清楚，无法回答为何同样的驱动因素在不同企业身上产生不一样的结果，以及驱动因素如何快速地发挥作用的问题，通过整合不同视角（高管团队 vs 商业模式）与层次（创业者 vs 创业企业）的驱动因素，同时补充其产生作用的过程机制，更有助于进一步提炼创业网络形成过程的一般规律。

1.5 模型框架与内容结构

1.5.1 模型框架

本书依托创业板上市企业联盟网络数据库展开理论分析，该数据库以 2009 年至 2016 年在创业板上市的企业为研究对象，采用文本编码的研究设计，以《公开转让说明书》为时间起点（T_0），以《公司年度报告》为时间序列（T_n），以《联盟公告》《战略合作框架协议》等关于企业间合作的公开资料为时间序列上发生的事件内容，构建了以联盟的形式建立创业网络的 448 家创业板企业的数据库。本书的整体理论框架如图 1-1 所示。

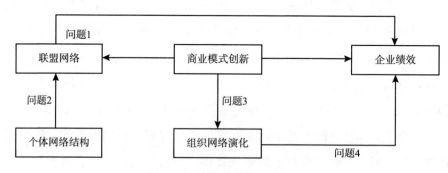

图 1-1 本书的整体理论框架

1. 创业企业联盟组合具有什么网络特征（问题 1）

很多创业型企业和中小企业正在寻求与其他企业建立合作关系，以便在外部网络中获取资源并促进自身发展。战略联盟作为重要的战略手段为越来越多的创业企业所采用。联盟组合，是指包含多个联盟且联盟间存有交互关联性以实现跨联盟间协同的独特结构。交互关联性所展开的联盟组合分析更具有真实效应。从本书看来，不同联盟网络的网络规模、网络资源多样性、网络功能多样性等特征，是影响企业成长的重要因素之一。

2. 高管团队和董事会层面的个体网络结构如何塑造联盟网络（问题2）

高管团队和董事会在创业网络形成中发挥着重要的作用，他们不仅是建立何种网络的关键决策执行者，而且在如何调用网络资源、如何维系网络关系的过程中发挥着主动性作用。然而我们对高管团队和董事会层面的个体网络结构对联盟网络的影响认识不足。针对这一问题，本书主要从高管团队和董事会的规模、先前经验、持股比例、对外任职等方面，剖析创业企业内部以董事、高管为节点的个体网络如何影响联盟网络的形成。

3. 创业企业商业模式创新如何影响组织网络演化（问题3）

创业网络是创业企业所建构的与外部利益相关者的关系的集合，与企业所设计的商业模式创新紧密相关。尽管围绕商业模式创新与创业网络的关系涌现了许多启发性强的研究，但创业网络是否是商业模式创新所带来的结果？网络如何随着商业模式创新的推进而演化调整？此类问题依然扑朔迷离。围绕这一问题，本书主要聚焦于创业企业客户网络和供应商网络，探究商业模式创新影响下的客户网络和供应商网络如何演化。

4. 商业模式创新影响下的创业企业组织网络演化如何影响企业绩效（问题4）

企业的成长与发展与各种交易关系密不可分，其中客户和供应商不仅是最主要的交易主体，也是企业外部网络中的关键组成部分，还是企业商业模式架构中的重要利益相关者。创新的商业模式设计需要仔细考虑客户和供应商的类型、其在价值链中的地位、接入的数量以及彼此之间的交易关系等因素，以便进行创新性的构思。面对商业模式创新影响下的组织网络演化，这种客户网络、供应商网络构成的变化如何影响企业绩效，也是本书关注的重要问题。

1.5.2 内容结构

基于研究问题以及理论模型，本书后续章节的内容安排如下。

第2章介绍了创业板上市企业联盟网络数据库的设计、建设和拓展情况，创业板上市企业联盟网络数据库是本书依托的数据来源，体现了本书聚焦中国新兴企业的特色。系统介绍数据库，不仅是为了阐述本书的分析数据来源，也是欢迎感兴趣的同行共同开发数据库，联合开展相关研究。

第3章聚焦创业企业的联盟网络特征。主要回答了问题1，关注创业企业的网络结构与属性特征，包括创业企业上市后所构建联盟组合的整体规模、联盟组合所蕴含的交互关联性（多样性指标）以及其他特征等。分析了诸如联盟网络规模、联盟网络资源多样性、联盟网络功能多样性、联盟组合蕴含的不确定性、联盟组合的管理方式和学习方式等。

第4章聚焦高管层面的个体网络结构对联盟网络的影响。主要回答了问题2，分别从高管团队规模、先前经验、对外任职等层面挖掘引起联盟网络规模、联盟网络资源多样性和功能多样性差异的诱因。

第5章聚焦董事会层面的个体网络结构对联盟网络的影响。主要回答了问题2，分别从董事会规模、持股比例、先前经验、对外任职等层面挖掘引起联盟网络规模、联盟网络资源多样性和功能多样性差异的诱因。

第6章重点分析了创业企业商业模式创新如何影响组织网络演化以及组织网络演化如何影响企业绩效。主要回答了问题3和问题4，关注创业企业客户网络、供应商网络的演化是否来自商业模式创新，以及这种网络演化对企业绩效产生了什么样的影响，形成对商业模式创新驱动组织间网络演化的系统性解释。

第7章概括了主要结论、管理启示和政策建议。高管团队规模和经验结构是导致不同创业企业联盟网络构建存在差异的重要原因，董事会成员的个人属性和集体属性同样会诱发创业企业联盟网络构建差异。新商业模式往往会诱发新型创业网络，企业在价值创造和获取逻辑方面谋求创新，本书揭示了商业模式创新具有客户网络效应和供应商网络效应。

第2章 创业板上市企业联盟网络数据库

创业板上市企业联盟网络数据库是以 2009—2016 年在创业板上市的企业为研究对象，采用文本编码的研究设计，以《公开转让说明书》为时间起点（T_0），以《公司年度报告》为时间序列（T_n），以《联盟公告》《战略合作框架协议》等关于企业间合作的公开资料为时间序列上发生的事件内容，构建的动态跟踪数据库。课题组进行资料下载与数据编码的时间是 2017 年，因此上述资料的截止时间是 2016 年年底。自 2009 年创业板有第一家上市企业以来，截至 2016 年年底，在创业板上市的企业共有 719 家，构建了两个以上联盟的企业有 448 家。由于我们的研究对象是以联盟的形式建立创业网络的企业，因此本书共涉及 448 家创业板企业。

2.1 理论模型与基本架构

创业网络是创业研究的经典话题，关于创业网络在创业企业成长过程中的资源功能和声誉功能已得到大量研究的论证，且已有研究认同创业网络之于创业企业成长的线性解释逻辑（Larson & Starr, 1993；Hite & Hesterly, 2001；Jack, 2005, 2010；Lechner & Dowling, 2003；Slotte-Kock & Coviello, 2010；Vissa, 2011）。然而，在互联网和信息技术背景下，创业网络对创业企业成长的作用可能表现为非线性的解释逻辑。这一方面源于创业网络自身的非线性扩张；另一方面创业网络不仅扮演着资源供给的角色，更重要的是，创业网络成为创业企业设计商业模式，实现价值共创的重要场景。

伴随着创业企业由生成到成长的发展过程，创业企业所面临的任务和挑战不同，其所利用的创业网络也呈现出类型和内容上的变化（Hoang & Yi，2015）。尽管创业者所建构的初始网络是投入于创业过程的初始资源禀赋，对初期创业活动的开展起到重要作用，但这种网络往往表现为创业者的个人化关系网络（Peng，2003），一方面，它难以直接转变为围绕企业间交易的商业网络，限制了以创业企业为主体的经济活动的开展；另一方面，局限于创业者个人社会关系的网络也无法满足创业企业生成与快速扩张的全部资源需求。对于高成长的创业企业而言，高成长速度需要创业企业快速确立交易关系安排并促进交易的开展，同时在不同主体间进行资源编排，实现资源组合的快速扩张以支撑创业企业发展。因此，为了实现由创业者个人化社会网络向蕴含利益相关者交易安排的商业网络的转化，创业企业需要通过商业模式的设计建构包含多边利益相关者的商业模式网络，实现由新生（birth）到拓展（expansion）的成长。

无论是何种类型的网络，创业者设计用以驱动创业企业成长的创业网络，促进了创业网络在主体构成（actor）和关系联结（tie）上的形态初具。当创业者设计出创业企业成长所需的创业网络后，仅明确了向谁寻求帮助、从哪里接入资源的网络架构，即使架设起网络联结，仍未能形成获取、调用资源的深度嵌入结构（Ozdemir et al.，2014）。从网络理论来看，所谓嵌入是指行动者在网络中居于中心的、控制性位置，往往表现为以较高的效率联结少数节点企业，却能调动大范围资源的结构（Granovetter，1985；Uzzi，1996）。嵌入式的网络结构能够帮助企业更高效地联结网络中的主体，调用更为丰富的网络资源（Hite，2005）。从这个意义上说，创业网络由初始的个人化社会网络向非个人化的组织间网络，再到有着内在交互关联属性的联结组合网络的演化，其价值并不在于网络类型的转换，而在于创业企业嵌入于不同网络的独特结构，能够激发网络资源向创业企业流动，塑造创业企业相对于网络伙伴的依赖优势。

创业企业如何构建创业网络，如何利用创业网络推动企业成长，对这一问题的回答是本数据库建立的起点。相较社会网络研究利用提名生成法来勾画创业者社会网络结构，本数据库利用创业企业在创业板上发布的公开资料为数据编码的资料源，通过对企业发布的战略联盟建立、战略合作协议等资料进行编码，从而勾勒出创业企业以联盟合作为主要关系构成的创业网络。本数据库所构建的创业网络是以正式合作为联结纽带的网络，不包含没有签署合作协议，而在日常经营活动中开展非正式合作的联结关系。这主要是由于，从研究情境而言，我们关注的是在资本市场上市的创业企业，他们以组织为单元构建的正式网络对其利用合作撬动资源，吸引资本市场的投资者具有重要意义。

之所以选择创业板上市企业为主要研究对象，主要是因为：（1）创业板企业具有成长性，它们没有主板企业的大规模，也没有中小板企业的成熟，它们的成长性使其具有创业企业的属性。（2）创业板企业为了保持成长性，时常需要吸引投资，通过发布联盟公告、战略合作等重大事项吸引各类机构投资者注意，这使得他们披露组织间合作的意愿更强、可能性更高。（3）截至课题组收集创业板上市企业联盟资料时，创业板已发展多年，创业板企业利用联盟网络谋求发展形成一定的时间跨度。

本书以 2009 年 1 月 1 日至 2016 年 12 月 31 日期间上市的创业板企业为研究对象。在上述时间范围内，在创业板上市的企业共有 719 家。针对这 719 家企业，我们进一步搜集了他们公开发布的《联盟公告》，将没有发布联盟公告，或仅发布一个联盟公告的企业剔除，因为这意味着企业没有建立起联盟网络，剩余 541 家。课题组随机选择了 10 家企业进行探测性编码，在完善编码问卷后，剩余的 531 家企业进入正式编码。在正式编码过程中，因联盟过程中关键信息缺失、错漏等原因，剔除了 83 家企业样本，因此数据库最终包含 448 家有效企业样本。

基于数据库设计的理论模型，以样本企业上市的《公开转让说明书》为时间起点（T_0）、以年度报告、联盟公告为时间序列（T_n）对每家编码企业构建动态跟踪数据库。例如，企业 A 于 2009 年在创业板上市，以公开招股书为依据，2009 年是编码时间起点，后续依据年度报告（2013，2014，2015，2016，2017……）作为时间序列分别编码，构造企业基本情况、企业治理结构、企业高管特征、企业财务情况、企业主营业务与资源情况、企业商业模式特征等变量。依据《联盟公告（2009—2016 年）》作为时间序列分年度对公告进行编码，构造企业联盟网络规模、联盟合作伙伴特征、联盟蕴含的资源、联盟双方的责权利、联盟管理方式等变量。在编码数据库中，总共包含3800 多个变量。

2.2　编码过程与数据检验

本数据库中针对样本企业的文本编码的二手数据来源包括：《公开转让说明书》《年度报告》《联盟公告》，以及其他重要的公司公告、公司网站信息等资料。依据中国证监会指定的上市公司信息披露网站——巨潮资讯（http：//www.cninfo.com.cn/）发布的上市企业名录首先确定企业名单，进而在巨潮网上下载相关资料。通过预先设计编码工作手册，确定需要编码的变量及其编码标准，对公开二手资料进行文本编码。

我们分别针对上市企业的联盟公告和年度报告设计了不同的编码问卷，并进行了反复修正和调整。针对联盟公告的编码侧重于由单个联盟的特征刻画整体联盟网络的特征，包括联盟网络的规模、多样性等结构特征，联盟网络的治理、网络内学习等管理特征，以及联盟网络在探索性与开发性上的功能属性。针对公开转让说明书和年度报告的编码问卷侧重于董事会和高管团队在个体层面和团队层面的特征，公司治理架构如股权、控制权等，企业商业模式与经营业务，企业资源如专利、著作权等技术特征，企业社会责任等内容。通过对不同年份年度报告的编码，我们还关注了企业财务绩效的变化、董监高结构的变化、企业战略与商业模式变化等内容。

数据库包含主观变量和客观变量两类。客观变量包括可直接从文本资料中复制的数据和信息，如董事、高管的人口统计学特征，企业财务信息等，还包括能够根据文本描述间接提取的信息，并据此转变为变量的赋值，如客户集中度是根据前五大客户中收入占比最高的第一位客户和最后一位客户收入差距来判断。主观变量主要是依据文本描述进行主观判断的变量，主要涉及商业模式的相关变量，以及联盟的探索性与开发性编码。总体来看，数据库的变量涉及上市公司基本情况，关于供应商、客户的情况，商业模式，技术研发情况，对外投资、参股、并购情况，关联交易情况，企业社会责任情况，实际控制人情况，董监高基本信息、董监高的先前经验和对外任职情况，员工情况等；围绕联盟数据，变量涉及联盟对象情况，联盟的性质与功能，联盟双方为彼此提供的资源，联盟间的治理方式与管理手段，联盟内的学习情况，探索性联盟与开发性联盟（主观测量）。

课题组自 2017 年 8 月～10 月即开始设计针对创业板上市公司联盟数据的编码问卷，11 月 8～10 日对编码团队成员（11 位编码员）进行培训，11 月 11 日开始编码。编码工作分三个阶段进行，持续至 2018 年 6 月 1 日完成。11 位编码员在完成主编码工作后，进行随机配对，开展背对背编码，以提高编码信度。该数据库的样本时间范围囊括创业板创立伊始的 2009 年至 2017 年 6 月 20 日，构成面板数据结构。截至 2017 年 12 月 31 日，课题组共完成对创业板 448 家建立了战略联盟的企业的编码工作，编码文件包括3354 份《年度报告》和 5389 份《联盟公告》。具体而言，编码工作包括以下流程。

首先，课题组设计了编码工作手册，根据该手册对 11 位编码人员进行了编码培训工作。在培训基础上对 11 家企业进行试验性编码，核对编码结果和过程，并对编码过程中存在的问题进行了充分讨论，从而校准编码人员对编码标准的理解。进一步地，根据编码中涌现的问题修正了编码手册，包括对于容易产生歧义和误解的题干重新表述，对部分题项答案没有覆盖所有可能的情况进行修订，对部分间接提取的客观变量赋值标准进行修订，等等。在确定编码人员充分了解编码规则之后，启动正式编码。

其次，进入正式编码过程，课题组利用三个阶段推进编码工作。尽管本数据库包含的样本企业数量并不多，但是涉及联盟合作事件却规模较大，且覆盖的时间范围较大，因此课题组根据联盟公告的数量将样本编码分三个阶段进行。在每一阶段开始时，编码组长随机给每位编码人员分配编码企业名单，编码人员需要先完成对样本企业公开招股书的编码，从而对企业的基本经营情况有全面的了解；然后，以每一年度为单位，对在这一年发布的联盟公告以及年度报告进行编码。在编码小组各个成员完成本阶段编码后，由编码组长对主观判定变量（商业模式结构、联盟的探索与开发属性）以及联盟网络中的关键变量（资源属性、治理属性等）进行交互验证，由编码小组随机选择编码人员进行两两配对验证。特别需要指出的是，编码人员事先并不知道配对分配。同时，为了确保主观判定变量两两配对编码验证的整体信度，在每个阶段的两两配对均不相同，以"编码员1"为例，他在每个阶段的配对验证编码人员各不相同（分别为编码员3、编码员6和编码员7），同时他事先并不知道谁是其配对验证人。

为了提高二手数据编码的质量，我们采取了三种检验来保证所编码数据的可靠性和准确性，这三种检验具体针对不同类型的变量而展开。针对客观变量，我们采用逻辑检验、极端值检验和随机检验三个步骤来进行数据核查和校验。

首先，逻辑检验主要是核查具有明显内在逻辑的变量数据信息是否有误，这往往表现为某个变量是否符合基本逻辑，或者变量间的逻辑关系是否符合常识。如全体股东股权比例是否等于"1"，最大客户减去第二大客户的收入占比是否大于"0"。我们针对逻辑检验中发现的问题进行了重新查询，更新编码数据以修正问题。

其次，极端值检验主要是针对变量数据的极大值和极小值进行复检，通过样本的描述性统计识别极端值，进而核查数据是否包含错误信息。例如，在本数据库的448家创业板企业样本中，以企业技术专利信息为例，针对极端值检验，涉及52家企业需要进行编码复检，占总体样本的11.6%。通过极端值检验，我们将变量数据进一步修正，减少数据填写错误所产生的问题。

最后，随机检验是对前面两个步骤检验中所发现的，出错率较高的编码人员按照一定的比例随机抽检。在出错率较高的编码人员所有的编码样本中，按照 20% 的比例随机抽取样本企业进行复检，一旦发现随机抽取样本的错误率高于 30%，即所核查部分信息出现错误的样本占所抽取样本的比例超过 30%，就对该编码员所编码的企业样本全额复检。

针对联盟网络的探索与开发属性的主观判定变量的一致性检验，我们利用一致性检验和构念信度系数来进行。我们在编码过程中即设计了背对背的编码方式，即随机选择两个编码员编码同一家公司联盟网络的探索开发属性，在检验阶段根据他们的编码结果进行配对检验。例如，我们将一个编码人员所编码的探索性联盟分值与和他编码同一组公司的编码员编码的分值相比对，利用科隆巴赫系数计算两组编码分值的一致性程度，据此判断编码一致性。我们还将三个阶段样本企业以联盟为单元的探索性联盟分值（3 个问项）和开发性联盟分值（3 个问项），分别计算其构念信度。在两两配对的一致性检验方面，探索性联盟的信度系数是 0.754，开发性联盟的信度系数是 0.778；在构念信度方面，探索性联盟 3 个问项的信度系数是 0.867，开发性联盟的信度系数是 0.774。

2.3 数据库的拓展与丰富

由于创业板上市企业联盟网络数据库，是围绕创业企业所构建联盟网络的结构、内容、治理、重构等展开研究，其更聚焦以联盟为特征的创业网络客观形态表现与内容结构。基于公开文本资料进行数据编码的局限，我们在这一数据库中未能建立关于创业企业构建联盟网络的能力、治理联盟网络的能力等在能力维度的观察。为此，课题组采用了问卷调查的方式，通过对上市企业总经理或 CEO 围绕企业与外部合作伙伴或联盟对象，就合作关系、相互依赖、联盟管理能力等问题展开问卷调查研究，以拓展对联盟网络形态与结构的认知。值得说明的是，几经努力我们未能实现对创业板上市企业总经理或 CEO 的点对点问卷调查，作为替代方案，我们联合南开大学创业研究团队针对新三板企业完成了总经理问卷调查，同时补充了对新三板上市企业的二手数据编码。

在针对新三板上市企业总经理的调查问卷中，我们根据萨卡等（Sarkar et al.，2009）关于联盟网络能力的理论框架与维度划分，从合作主动性、联盟协调性、跨联盟关系治理三个维度建构对联盟组合能力的理论解释。

合作主动性（proactiveness）是联盟网络管理的重要内容，它聚焦于焦点企业是否积极主动地寻求通过网络来实现组织间的合作，促进机会的实现、资源的利用、市场的创造等。这一维度通过5个问题来测量，分别是"我们密切观察环境，识别可能的合作或联盟机会""我们经常从不同的渠道收集有关潜在合作伙伴的信息（例如，互联网、产品交易展示会、贸易展览会等）""我们时刻关注能够创造潜在联盟机会的市场""我们通过与关键企业结盟，努力抢占竞争先机""我们经常主动向其他企业提出联盟建议"。

联盟协调性是指焦点企业是否能够在联盟内部围绕与联盟伙伴的关系进行协调，以及是否能够开展跨联盟间关系的协调。这一维度通过5个问题来测量，分别是"在逆境或挑战时，不离不弃对我们双方维系关系非常重要""我们努力建立基于相互信任和承诺的关系""当出现问题或有需要时，我们力求灵活应对并包容合作伙伴""当出现争议时，我们时常重新评估事实来形成相互满意的折中方案""我们不拘泥于合同而以非正式途径与合作伙伴进行频繁的信息交换"。

跨联盟关系治理是聚焦非正式关系治理的一个维度，它是指从联盟网络整体角度来看，焦点企业能够总体上在跨联盟间进行关系的协调，处理信息交换与联合问题解决。这一维度通过5个问题来测量，"我们将所有的外部合作关系视为一个整体来协调""我们能够协调不同合作伙伴之间的关系""我们的战略能够适应不同的联盟合作""我们具有在不同的合作伙伴间传递知识的规范流程""企业不同部门的管理人员会定期会面，考察我们如何在不同的合作伙伴间建立协同合作"。

在针对新三板上市企业总经理的调查问卷中，我们在供应商维度和客户维度分别设计了8个问题用来测量创业企业与外部合作伙伴之间的相互依赖程度。问题分别针对供应商和客户情况，主要包括"如果替换现有供应商/买家，企业会面临较大的困难并导致额外成本""企业有足够多的可选择供应商/买家来确保供应商/买家之间存在竞争""市场上存在着其他替代供应商/买家来确保原料有效和及时供应""现有供应商/买家具有相对于其他非贵企业供应商/买家的技术优势""为了与贵企业合作，现有供应商/买家改善了管理流程来提升效率""为了与供应商/买家合作，贵企业做了不少专用性投资""如果替换现有供应商/买家，供应商/买家会面临严峻的财务危机""为了与贵企业合作，现有供应商/买家做了不少专用性投资"。

针对新三板上市企业总经理，围绕联盟网络管理能力、企业与外部合作伙伴之间相互依赖等内容的问卷调查，让我们能够形成对企业高管如何管理外部联盟网络，如何通过网络关系促进企业与合作伙伴的相互依赖等微观基础解释。课题组还针对新三板制造业 706 家应用互联网技术的创业企业进行了二手数据编码，识别出创业企业上市初期的商业模式属性与创业网络构成特征，这些二手数据与总经理调查问卷匹配形成了一手数据与二手数据相结合的数据结构。

在针对新三板制造业上市企业的二手数据编码中，我们关注的内容包括创业企业所设计的商业模式具有什么样的特征，创业企业董事会、高管团队等战略制定者与决策者特征有哪些，创业企业所建构的客户网络、供应商网络、投资者网络具有怎样的结构。这些关于不同类型网络的结构变量同样包含在创业板上市企业联盟网络数据库中，这就形成了新三板与创业板企业的对比研究。未来我们还将进一步扩大对这些企业的问卷调查广度与深度，将更多的一手数据与二手数据形成匹配，且更深入地了解创业企业建构并治理创业网络的微观基础与深层次管理逻辑。

第3章 创业网络整体特征
——以联盟组合为例

当前，快速变化的商业环境推动市场不确定性日益凸显，越来越多的创业型企业、中小企业倾向于与一个或者多个企业建立合作关系，以便在外部网络中获取资源并促进自身发展。而在企业成长路径中，战略联盟作为重要的战略手段为越来越多的创业企业所采用。尽管从理论上来看，缺乏合法性的创业企业难以激发成熟大企业与之建立联盟的动机，但从现实来看，创业企业却不断尝试将联盟作为获取资源、建立声誉的重要战略工具，且取得了较好的战略收益。因此，我们利用战略联盟关系来衡量创业企业所形成的关系联结，以联盟组合衡量创业网络的结构与内容。

3.1 围绕联盟组合开展创业网络研究的适切性

与聚焦双边联盟的研究视角不同，战略联盟研究逐渐从双边联盟的独立视角分析演化为联盟组合的交互视角分析。所谓"联盟组合"是指涵盖多个联盟，并且这些联盟之间存在交互联系，以实现跨联盟间协同合作的特殊结构。这种交互关联性可能表现为多样化联盟的协同组合，也可能表现为不同联盟间的竞争冲突。经由交互关联性所展开的联盟组合分析，可能比单一联盟分析更有助于把握不同联盟间在关系内容和关系质量层面交互作用的真实效应，更有助于从整体而非局部网络角度解释创业企业的成长绩效差异。

联盟组合突出了焦点企业同时与多个企业建立联盟的现象，是一种超越了传统组织边界的制度安排。尽管网络研究的相关文献将联盟组合定义为由多个联盟所构成的网络结构，但从战略联盟的研究视角来看，联盟组合更强调焦点企业的自我中心性。因此，基于网络视角的联盟组合定义，关注企业间以联盟的形态交织在一起的网络关系对企业的影响，而基于焦点企业视角的联盟组合定义则强调企业作为核心节点的战略主动性，即焦点企业如何利用联盟组合的交互关联性创造价值。相较单一联盟研究关注联盟伙伴所具有的资源与能力是否有助于弥补焦点企业自身能力的不足，联盟组合研究更强调不同联盟间资源与能力的相互支撑，因此，联盟组合的交互关联性特征引起了越来越多学者的关注，其中尤以联盟组合多样性为学者们关注的热点。更进一步，联盟组合多样性的最佳水平成为管理者和学术界研究的焦点，这一最佳水平被视为企业整合外部资源和绩效提升的关键动力。但已有研究却未能对最佳水平作出一致性解释，原因在于关于联盟组合"多样性—绩效"的关系研究尚未取得一致性的研究结论。

从已有关于联盟组合交互关联性研究来看，大量研究围绕联盟组合多样性展开，而研究结论呈现出不一致性。一派观点主张，企业与更为多样化的合作伙伴建立联盟有助于企业获取异质的资源从而提高绩效。例如，鲍姆等（Baum et al.，2000）在针对联盟伙伴多样性的研究中发现，与不同的伙伴建立联盟比与相似的伙伴建立联盟更有助于为焦点企业带来多样化的资源，促进焦点企业绩效提升。另一派观点则认为，联盟组合多样性作用的发挥可能存在边界极值，即超越极值的联盟组合多样性会由于治理成本的提高形成对绩效的负面影响。例如，姜等（Jiang et al.，2010）利用联盟伙伴所属行业、组织属性、联盟功能等方面的差异衡量联盟组合多样性，发现多样性程度与企业绩效呈倒 U 型曲线关系。这意味着，联盟组合多样性结构的绩效促进作用，可能在这种多样性可被管理的范畴内才能发挥。

创业企业难以像成熟大企业凭借自身实力最大化地利用战略联盟，从单一联盟中寻求多维合作、撬动多种资源，创业企业往往仅从单一联盟中调用一种资源，而寻求多联盟所形成之联盟组合中资源间的相互支撑。因此，联盟组合在创业情境下更为普遍而显著。同时，处于成长期的创业企业在战略联盟的建构及管理上与具备管理多样化联盟能力的成熟企业存有差异，主要体现在：一方面，创业企业所面临的资源缺陷、合法性缺乏使其难以与成熟、知名企业建立联盟，而其联盟组合的构成主体可能以小企业为主，即使有知名企业也更可能是创业企业先前关系的延续。更进一步，创业企业更倾向于与体制内组织建立联盟，以撬动体制内格局中的关键资源，但同时这种联盟建立的难度较高，时常需要借助体制外组织桥接体制内组织，因而形成创业企业联盟组合融合体制内外组织的多样性构成。另一方面，由于创业企业缺乏成熟企业治理多样化联盟组合的实力与资源，考虑到治理成本的最优化，创业企业在联盟治理方式上更可能采用混合契约、权益甚至非正式治理的混合治理方式。而且，由于创业企业的合法性缺陷，联盟对象缺乏为联盟关系作出专用性投资的动力，因此权益的投入主要来自创业企业，因此权益治理成为创业企业混合治理中的重要构成。

以本研究所建立的编码数据库中青岛特锐德电气股份有限公司（证券代码：300001）为例，该公司在2013—2015年共建立了15个联盟，其中与西门子建立了技术联盟，以获取西门子关于"环网柜"等电力设备的技术与产品资源；与东风汽车、金龙汽车、郑州宇通、长安汽车等国有或民营车企建立了生产运营联盟，联合开发、生产电动汽车；与上海国际汽车城建立销售联盟，依托对方在上海超过500个共享网点推广新能源电动车；与合肥、芜湖、新乡等政府部门建立联盟，利用政府部门的政策、规划等政治资源进行新能源电动车的推广应用。可见，从联盟组合结构特征来看，不同联盟在联盟伙伴所在行业上存在多样性，如本例中的电气、汽车制造、汽车展览与销售等，也会在联盟伙伴的体制属性上形成差异，如体制内的政府部门、国有企业以及体制外的民营企业；同时，不同联盟间会形成资源层面的协同，如技术、运营、销售、政治联结等。

3.2 创业企业联盟组合的规模特征

本数据库从联盟组合的整体规模、联盟组合所蕴含的交互关联性（多样性指标）等方面刻画了创业企业上市后所构建联盟组合的特征，展现出了创业企业的网络结构与属性特征。所谓联盟组合规模，是指创业企业逐步建立的战略联盟关系累计形成的具有交互关联性的网络规模，表现为联盟组合中联盟的总体数量。从本数据库所涉及的 448 家企业样本来看，联盟组合规模从两个联盟到 80 个联盟不等，且联盟组合的规模随着时间的延长呈现出逐步上涨的态势，如图 3-1 所示。

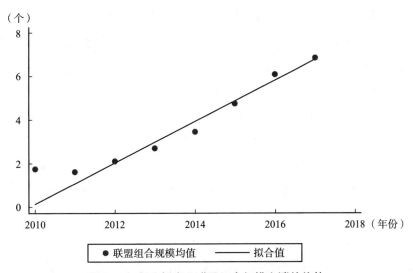

图 3-1 创业板企业联盟组合规模上涨的趋势

如图 3-1 所示，创业企业上市初期联盟组合规模扩大速度较为缓慢，甚至在上市最初的两年内（2010—2012 年），联盟组合规模存在下降趋势。具体而言，在上市的第一年，企业所建构联盟组合的平均规模为 1.75，而到下一年所建构联盟组合的平均规模为 1.61。造成创业企业在上市初期缓慢建立联盟组合的原因，可能在于创业企业首先尝试性地探索构建外部联盟关系，此时从构建联盟组合的战略意图来看，企业只是小幅地建立联盟而不是大范围地扩大联盟规模；从战略行动来看，创业企业建立能够形成交互关联性的联盟组合需要对联盟伙伴的评估、联盟资源的审视、联盟功能的考量、联盟治理的安排，这就需要更多的时间和精力投入，因而延长了创业企业扩大联盟组合规模的时间，形成初期联盟组合规模不升反降的趋势。

在初期尝试性建立联盟组合后，创业企业开始大规模推动联盟组合建立（2013—2015 年），实现联盟组合规模的快速扩大。具体而言，在创业企业上市初期逐步积累联盟构建经验后，企业所建构联盟组合的平均规模由 2013 年的 2.69 增长到 2016 年的 6.08。联盟组合规模的快速扩大，说明创业企业经历了联盟建立的试错过程后，逐渐熟悉了联盟组合构建的程序，也掌握了搜寻什么样的伙伴更能够塑造组织多样化的联盟组合，如何建构联盟组合具有交互关联性的资源组合与功能组合，因而借此能够快速而精准地建立联盟组合，助力联盟组合规模的扩大。

当联盟组合达到一定规模后，创业企业开始放缓联盟组合建立的速度（2016—2017 年），实现联盟组合规模增速的降低。具体而言，在创业企业快速扩大联盟组合规模的过程中，随着联盟规模的不断扩大，创业企业开始放缓构建联盟组合的步伐。正如数据所展示的，企业所建构联盟组合的平均规模在 2016 年达到 6.08 后，2017 年平均规模水平为 6.85，相比上一年增长率为 12.7%，这一比率低于 2016 年相对于 2015 年增长率水平的 28.3%。这可能预示着创业企业驾驭大规模联盟组合存在一个阈值，在超过这个阈值后，创业企业考虑到难以对大规模的战略联盟进行管理，因而减缓联盟组合的拓展步伐，收敛联盟组合规模在可管理的范围内。上述数据所展示出的联盟组合规模增长率降低的现象，回应了联盟组合研究近期关注的联盟治理问题，其核心内涵在于管理大规模联盟组合对企业的联盟治理能力提出更高的要求。这不仅要求企业能够管理多样化的联盟伙伴，协调跨联盟的关系，调动不同联盟的资源形成联盟组合层面的资源编排，更要求企业有能力处理与联盟伙伴的价值分配，以及不同联盟间竞争资源的情形。

进一步地，我们对数据库中创业板上市企业所构建联盟组合的规模特征，在 448 家样本企业范围内的分布情况进行分析。由于每一家企业在数据库所横跨的时间范围内，截至每年年底会形成一个联盟组合规模，这种趋势性的分析已在前述内容中予以展示。为了更好地表征创业企业在每一年所构建联盟组合的规模特征，我们将每年企业样本看成一个独立样本，因而形成 1494 个观测值，即以年度为单位的企业观测样本。基于这一数据结构，联盟组合规模在 5~10 个（包含 10）的企业数量为 156 家，占总体样本的 38.4%；联盟组合规模在 10 个以下的样本观测值为 1357 个，占总体样本的 90.83%；联盟组合规模在 10 个以上的样本观测值有 137 个，占总体样本的 9.17%。上述样本分布情况展示出，以 10 个左右联盟建构联盟组合的创业企业占比最高，说明这可能是创业企业最能够驾驭、付出较低的联盟组合治理成本，并能够基于此获取联盟组合资源的适宜规模。

3.3 创业企业联盟组合的多样性特征

多样性是表征联盟组合交互关联（interdependencies）特质的重要属性。有别于单一联盟的累积集合，联盟组合蕴含着跨联盟间相互支撑所带来的交互关联特质，使得联盟组合能够创造出大于单一联盟价值简单加总的协同价值；同时联盟组合也可能潜藏着重复联盟所引发的资源冗余与伙伴冲突，使得联盟组合产生小于单一联盟价值加总的冲突价值。无论是协同抑或冲突，都折射出联盟组合的交互关联性本质，而已有研究常借用多样性的构念解读交互关联性。

已有文献围绕联盟组合多样性，从主体多样性、功能多样性和治理多样性三个角度探讨了联盟组合多样性的结果变量和前置诱因。

首先，从主体多样性角度来看，已有文献从主体所在行业、体制类型、来源国家、伙伴类型进行测量，研究了伙伴多样性对企业财务绩效、创新绩效、企业合法性的影响，以及企业战略导向对伙伴多样性的影响。早期研究分别从二元和网络层面研究了联盟组合中的主体多样性（Parkhe，1991；Goerzen & Beamish，2005），帕克（Parkhe，1991）提出了两种类型的主体多样性，一是主体进入联盟的潜在战略动机多样性；二是主体特征的差异，而随着时间的推移，第二种类型的主体多样性逐渐减少，第一种类型的主体多样性的好处逐渐增加，当第一种主体多样性的收益超过管理第一种类型的主体多样性产生的成本时，企业便能从主体多样性中获益。而另一种研究主体多样性的方法是通过主体所在的行业代码、主体所属的体制属性和主体所在的国家对其进行衡量（Jiang et al.，2010）。为了实现新旧伙伴的战略平衡，企业应该寻求跨行业的合作伙伴关系（Kruss，2008），与行业有关的多样性被认为是实现技术转让的关键途径（Chunhua et al.，2011），并被用作成功进入新市场的主要机制（Hirt et al.，2013），而行业多样性与企业绩效的关系则呈现出先减后增的 U 型关系（Jiang et al.，2010）。

其次，联盟组合多样性还必须考虑联盟组合的功能多样性，即研究企业在联盟中发挥的价值链活动（Jiang et al.，2010）。企业可以通过构建制造、营销和分销联盟来扩大市场范围，提升企业核心竞争力，以此实现企业不同的功能目的（Hamel & Prahalad，1990）。构建研发联盟有助于企业利用快速进步的技术，分散研发风险，应对不断上升的成本（Hagedoorn，1993）。而企业必须有效平衡制造、营销、分销这类利用性联盟与研发这类探索性联盟，因为前者影响企业当前的生存能力，而后者会影响企业未来的生存能力。国外学者普遍认同计算联盟组合功能多样性时将联盟类型划分为营销、制造、研发和其他四类联盟功能（Jiang et al.，2010）。在此基础上，本研究结合创业板企业的联盟组合特征，增加了供应和长期（或多次）购销两个分类，其中供应联盟是指焦点企业为了获得更稳定、成本更低的原材料而与供应商构建的联盟；长期（或多次）购销是指焦点企业与客户签订超过一年的销售合同或是与客户签订多个销售合同。

最后，治理多样性是指联盟组合中不同联盟所涉及的不公平或股权所有权差异，因不同的治理结构对企业的承诺、整合和学习产生不同的影响（Kogut，1988），且治理结构对企业降低成本非常重要（Santoro & McGill，2005），因此，学者也从治理多样性来研究联盟组合多样性。对特定治理结构的重复经验有助于企业积累管理该类型的治理结构的知识和技能，并进一步将其制度化，使相关知识和技能变成组织惯例，便于将其应用于未来的联盟，从而降低管理成本。因不同的治理结构需要的资源承诺不同，企业投入的管理注意力也不同，因此，重复迭代有助于企业有效管理联盟组合。综上所述，梳理已有文献，关于联盟组合多样性的研究大体围绕主体多样性、功能多样性和治理多样性三个方面展开，如表 3 - 1 所示。

表 3 - 1　　　　　　　　　　联盟组合多样性研究现状

多样性类型	含义	测量	研究内容	文献来源
主体多样性	联盟参与主体在资源、能力、知识和技术方面的差异程度	（1）行业多样化，对比主体的产业代码（SIC code）；（2）组织多样性，对比主体所属体制（上市、私有、国有）；（3）国家多样性，对比主体来源国家；（4）伙伴类型（竞争对手、客户、供应商、大学和研究机构等）的差异程度；（5）伙伴为政党时，划分执政党和反对党	（1）伙伴多样性的结果变量：伙伴多样性会促进企业绩效提升。行业多样性与企业绩效呈 U 型关系；组织多样性与企业绩效呈 J 型关系。国际化主体的多样性程度与联盟组合绩效负相关。主体多样性对企业激进式创新、渐进式创新、系统性创新与自动性创新四种不同创新类型的影响。伙伴多样性与创新绩效呈倒 U 型关系。伙伴多样性与企业合法性呈正相关关系。联合政府背景下，伙伴多样性限制企业市场进入行为；而分治政府背景下，伙伴多样性会促进企业市场进入行为。（2）伙伴多样性的诱因变量：聚焦市场的公司战略正向影响伙伴多样性；聚焦关系的公司战略负向影响伙伴多样性	Jiang et al.，2010；Goerzen & Beamish，2005；Duysters & Lokshin，2011；何霞和苏晓华，2015

多样性类型	含义	测量	研究内容	文献来源
功能多样性	联盟中企业所进行的价值链活动类型的差异	（1）将价值链活动分为营销、制造、研发和其他四类；（2）联盟活动分为制造联盟、技术许可联盟、产品开发联盟三类	（1）功能多样性的结果变量：功能多样性正向影响企业绩效。功能多样性越高，相比于收购，企业越容易经历 IPO。技术联盟组合的多样性经由吸收能力的中介，影响企业创新绩效。（2）功能多样性的诱因变量：董事会的异质性、复杂性与联盟组合多样性的正相关关系；董事会的不对称程度与联盟组合多样性的负相关关系	Jiang et al.，2010；Beckman et al.，2014
治理多样性	企业在联盟中的股权、所有权比例差异	将股权分为不平等、小股权、大股权、平等股权、主要股权、主导股权六类	治理多样性负向影响企业绩效	Jiang et al.，2010

然而，针对联盟组合多样性的研究依然存在以下两点不足。

首先，对联盟组合多样性前端诱因的研究不足。已有文献多聚焦于联盟组合多样性产生的结果影响，如不同类型多样性对企业绩效、企业合法性、企业经历的流动性事件的影响，而针对企业如何构建联盟组合多样性的研究较为欠缺。

其次，尚缺乏对组织多重关系互相影响的研究。已有文献大多立足于单一关系，割裂地研究组织间关系，例如就联盟关系本身研究其结果效应，或从外部环境、创业导向等非关系因素探讨联盟组合的形成。而根据关系多元性观点，组织间关系是由其他关系诱发的，因此研究组织关系时应当注重多重关系的相互影响。因此，我们重点围绕创业企业所构建联盟组合的多样性特征展开研究，特别围绕能够反映资源交互、功能交互特征的两类多样性进行深入剖析。

3.3.1　联盟组合资源多样性

资源是企业利用联盟组合获取的关键战略要素。其特殊之处在于，利用联盟组合的独特架构获取来自不同联盟伙伴的资源，通过辨识、筛选、联结存在交互支撑作用的资源，才能够创造资源的组合效应以搭建企业的资源基础。从已有关于联盟组合资源多样性的研究来看，已有文献多采用伙伴多样性来替代性测量资源多样性，其潜在假设在于异质性伙伴必然带来交互关联多样性资源。该假设存在两个问题：一是不同的伙伴，即使是来自不同行业的联盟伙伴也可能为焦点企业提供同质的资源，如不同伙伴都为企业提供技术资源、资金资源等，这使得资源多样性的测量不准确；二是异质性伙伴提供不同的资源，凸显了资源间的差异性，而忽视了不同资源的交互作用。

事实上，建立战略联盟的最重要动机之一是获得合作伙伴的资源（La-vie & Singh，2012），因此，研究联盟组合多样性应包括研究伙伴关系组合中涉及的知识等资源的异质性。已有对联盟组合资源多样性的研究，常用联盟组合中的主体多样性进行衡量，即不同主体所在的产业代码不同（Jiang et al.，2010；Duysters & Lokshin，2011）。然而，主体多样性并不能完全替代资源多样性，因为联盟组合中处于不同产业的主体，可能提供相同的资源，比如资金，也可能提供不同的资源，比如不同的产业技术。瓦斯默等（Wassmer et al.，2017）深入资源层面，将资源分为 13 种类型，并划分为产品扩展资源和效率改进资源两组，研究合作伙伴为焦点企业提供的不同资源类型对企业绩效的影响。本课题组立足资源类型而非伙伴类型刻画联盟组合的多样性，特别是基于资源基础观将资源进行互补类型的划分，划分标准即呈现出资源间存在互补性，因而当联盟伙伴为焦点企业提供了蕴含互补特征的所有资源时，资源的多样化程度更高，且多样化资源间的交互关联性更强。

对于联盟组合资源多样性，我们采用以下方式进行测量。首先，创业板上市公司联盟数据库依据资源论划分资源类别，将联盟伙伴为焦点企业提供的资源分为物质资源、生产运营资源、技术资源、市场资源、政治资源和其他六类。物质资源是用于生产运营的有形资源，技术资源则主要是投入于运营过程的专利、诀窍、经验等，市场资源联结技术研发产品、生产运营成果与外部市场，政府资源也为市场联结提供支持，因此这些资源类型体现出资源组合的交互关联性。其次，采用 BLAU 指数进行多样化程度的计算，该指数已被广泛用于测量给定多样性变量的分类变量的异质性。计算公式为

$$D = 1 - \sum p_i^2 \qquad (3-1)$$

其中，D 为多样化程度，p 代表给定分类所占的比例，i 代表不同的分类数量。此变量范围从 0（完全同质）到 1（完全异质，在所有类别中均匀分布）。

利用上述测量方式，我们对创业企业联盟组合的资源多样性进行了分析，具有联盟组合资源多样性数据的企业一共有 443 家，联盟组合资源多样性的取值为 0 ~ 0.833。如图 3 – 2 所示，从数据库的样本分布来看，资源多样性水平在 0.5 以上（包含 0.5）（高资源多样性）的企业数量为 231 家，占比 52.14%；资源多样性水平为 0.3 ~ 0.5（包含 0.3）（中资源多样性）的企业数量为 34 家，占比 7.68%；资源多样性水平小于 0.3（低资源多样性）的企业数量为 178 家，占比 40.18%。数据分布情况表明，超过半数的创业企业所构建的联盟组合具有较高的资源多样性，这意味着创业企业意欲通过联盟组合的建立获取多样化的联盟资源，形成企业成长所需的资源池。这一资源池对创业企业成长的支撑作用不仅在于资源含量的多寡，更在于资源类型的多样以及以此为基础形成的异质化资源的相互补充。例如，青岛特锐德与西门子建立的研发联盟，撬动了西门子关于电池方面的技术资源，这可以用于特锐德与东风汽车等大型车企建立的生产联盟，投入新能源汽车的开发；而特锐德与上海汽车城建立的营销联盟，则将营销资源用于新能源汽车的市场推广，从而使得营销资源与生产资源互为补充。

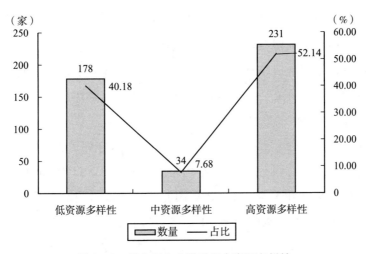

图 3 - 2   创业板企业联盟组合资源多样性

3.3.2   联盟组合功能多样性

战略联盟是企业获取资源的重要渠道，也是企业将内部的价值活动延伸至外部的战略工具。企业可以通过战略联盟实施不同的价值链活动，从而满足企业不同的价值链功能需求。例如，营销联盟可以扩大焦点企业的市场范围，增加企业的价值创造能力；研发联盟可以帮助焦点企业利用技术研发与改进，应对高昂的研发风险和研发成本。包含具有多种功能联盟的联盟组合，将联盟从功能角度进行划分与解析，其功能多样性即指联盟所涉及的营销、生产、研发等功能的差异性程度。与已有研究从探索性联盟与开发性联盟的双元功能角度分析联盟组合功能多样性不同，课题组聚焦价值链活动的功能性，探讨联盟组合中不同联盟在研发、生产、营销等价值链功能方面的差异与交互作用。

具有功能多样性的联盟组合表现为焦点企业将不同的价值链活动以联盟的方式实施，这凸显出企业内部价值链活动的外化，也说明组合中的联盟存在价值链上的联系，如上下游活动等。价值链活动驱动下的联盟功能匹配并非"偶然形成"，而是创业企业作为焦点企业在建构联盟组合时的

"有意为之"，这就需要创业企业对其自身的战略联盟需求以及潜在联盟伙伴所能作出的战略联盟供给有更为全面而深入的掌握。在数据库中，我们将不同的联盟依据价值链活动类别编码为供应、生产、研发、营销、购销和其他六类。这些价值活动体现出价值链内的上下游环节联系，使得联盟在功能层面具有交互关联性。

在类型划分基础上，我们同样采用 BLAU 指数计算功能多样性，例如青岛特锐德电气股份有限公司（证券代码：300001）2011 年拥有 3 条联盟，包括 3 项生产活动和 3 项研发活动，因此该公司 2011 年的联盟组合功能多样性为 $1 - \left[(3/6)^2 + (3/6)^2 \right] = 0.5$。

利用上述测量方式，我们对创业企业联盟组合的功能多样性进行了分析，具有联盟组合功能多样性数据的企业一共有 342 家，联盟组合功能多样性的取值为 0 ~ 0.833，越接近 1 说明多样性程度越高。如图 3 − 3 所示，从数据库的样本分布来看，功能多样性水平在 0.5 以上（包含 0.5）（高功能多样性）的企业数量为 182 家，占比 53.22%；功能多样性水平为 0.3 ~ 0.5（包含 0.3）（中功能多样性）的企业数量为 29 家，占比 8.48%；功能多样性水平小于 0.3（低功能多样性）的企业数量为 131 家，占比 38.30%。

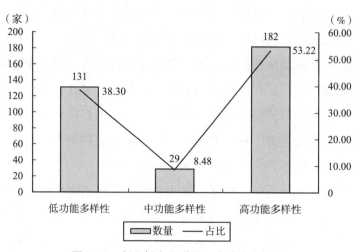

图 3 − 3　创业板企业联盟组合功能多样性

上述数据结果与创业企业联盟组合资源多样性分析所得结论相似，即超过半数的创业企业所构建的联盟组合具有较高的功能多样性，这意味着创业企业在构建联盟组合时，会避免重复地建立联盟，而是有意识地建立不同的联盟以在联盟活动层面实现跨联盟间的互补。联盟组合所形成的多样化功能，是企业内部价值链的延伸，使得原本在企业内部完成的价值活动，借由外部战略联盟的建立引入外部联盟伙伴共同实施价值活动。因此，创业企业倾向于以功能多样化为导向建立联盟组合，使得企业内部各种价值活动都能有外部延伸，扩展价值链功能与外部合作关系，提升联盟组合对企业价值活动共创的贡献度。

3.4　创业企业联盟组合的规模与多样性的交叉分析

在分别剖析创业企业联盟组合规模与多样性基础上，我们对联盟组合的这两种属性进行了交叉分析，意在刻画建立了不同规模联盟组合的创业企业是否塑造了联盟组合不同的多样性特征。从理论上分析，联盟组合的规模与多样性之间可能存在两种逻辑联系：一是联盟组合规模为其多样性提供了前提与基础，也就是说，当创业企业所构建的联盟组合达到一定规模时，组合内的战略联盟才能够因类型的差异而带来多样性；二是创业企业利用联盟组合规模作为提升其多样性程度的战略工具，意味着创业企业以联盟组合多样性为目标，通过规模的逐步扩大实现多样性的提升。

为了验证上述学术判断，首先依据联盟组合规模的取值分布进行分组，具体而言，我们对这一指标进行了百分位数统计分析，联盟组合规模的四分位数为 2.25，中位数为 3.16，四分之三分位数为 5.57，如表 3 - 2 所示。

表 3 - 2　　　　　　　　　　　　联盟组合规模分组

百分位	联盟组合规模百分位数
1%	1.13
5%	1.25
10%	1.57
25%	2.25
50%	3.16
75%	5.57
90%	8.60
95%	14.20
99%	25.10

同时，我们按照联盟组合规模的四分位数将样本分成 4 组，如表 3 - 3 所示。将联盟组合平均规模为 0 ~ 2.25 记为小规模组，达到这一联盟组合规模水平的企业数量占比为 30.4%；将联盟组合平均规模为 2.25 ~ 3.16 记为较小规模组，达到这一联盟组合规模水平的企业数量占比为 24.3%；将联盟组合平均规模为 3.16 ~ 5.57 记为较大规模组，达到这一联盟组合规模水平的企业数量占比为 24.9%；将联盟组合平均规模在 5.57 以上记为大规模组，达到这一联盟组合规模水平的企业数量占比为 20.4%。

表 3 - 3　　　　　　　联盟组合规模与联盟组合多样性差异

联盟组合规模分类	变量名称	观测值	均值	标准差	最小值	最大值
0 ~ 2.25	资源多样性	384	0.414	0.240	0.000	0.800
	功能多样性	384	0.398	0.251	0.000	0.750
2.25 ~ 3.16	资源多样性	351	0.450	0.211	0.000	0.761
	功能多样性	351	0.490	0.209	0.000	0.800
3.16 ~ 5.57	资源多样性	396	0.505	0.178	0.000	0.790
	功能多样性	396	0.500	0.182	0.000	0.815

续表

联盟组合规模分类	变量名称	观测值	均值	标准差	最小值	最大值
5.57 以上	资源多样性	363	0.570	0.155	0.112	0.808
	功能多样性	363	0.534	0.191	0.000	0.793

利用方差分析，我们围绕创业企业所构建的联盟组合具有不同规模时所表现出的联盟组合多样性特征差异进行研究，以期解释创业企业倾向于构建小规模、高多样性的联盟组合，还是大规模、低多样性联盟组合。依据对联盟组合规模的百分位数分析所形成的分组，这一分组在联盟组合资源多样性（$F = 7.220$，$p = 0.000$）、功能多样性（$F = 10.390$，$p = 0.000$）上表现出显著差异。

具体而言，首先，从资源多样性角度来看，大规模组的创业企业有着最高的联盟组合资源多样性，其多样性水平（资源多样性 $= 0.570$），远高于较大规模组的资源多样性水平（0.505）、较小规模组的资源多样性水平（0.450）以及小规模组的资源多样性水平（0.414）。其次，从功能多样性角度来看，大规模组的创业企业有着最高的联盟组合功能多样性，其多样性水平（功能多样性 $= 0.534$），远高于较大规模组的功能多样性水平（0.500）、较小规模组的功能多样性水平（0.490）以及小规模组的功能多样性水平（0.398）。

上述数据结果表明，随着创业企业所构建联盟组合规模的扩大，联盟组合无论是在资源多样性还是功能多样性上，都带来多样性程度的提高。可能的原因在于两个方面。首先，联盟组合多样性水平是以联盟组合中蕴含的资源类型、功能类型为前提的，这往往与联盟组合的规模正相关。这也意味着创业企业构建了多个联盟后，才能够创造从不同联盟获取不同资源的机会，以及围绕不同联盟延伸多种价值链功能的机会。其次，创业企业在构建联盟组合时，以建立具有多样化功能的联盟，以及撬动联盟组合中异质化资源为目标，每新建一个联盟都考虑与之前联盟在资源与功能上的差异，从而实现联盟组合规模扩大和多样性的提升。

3.5 创业企业联盟组合的其他特征

3.5.1 联盟组合蕴含的不确定性

创业企业所嵌入之环境的不确定性会对创业企业的决策、行为及其结果产生重要影响，尤其会影响到创业企业构建外部网络的关键决策。已有研究较多地基于客观视角，从技术、市场抑或制度等方面审视环境的不确定性，且将不确定性视为一类外部环境要素，认为不确定性是创业企业所处外部环境的重要特征。然而，主张从外部环境角度认识不确定性及其对创业影响的已有研究，忽视了创业者以及创业企业对上述环境要素感知形成的不确定性。少数研究主张，不确定性意指决策者对每一个事件发生概率的感知（Hastie，2001），因此创业者主张感知到的不确定性可能是影响创业企业决策与行为的重要因素（Shepherd et al.，2007）。

相较已有研究或从外部环境角度看待不确定性，或从创业企业或创业者个体的内部角度审视不确定性感知，本课题组经由创业企业所构建的联盟组合客观地衡量这一类网络中所蕴含的不确定性。联盟组合蕴含的不确定性，是指创业企业在与联盟伙伴建立联盟的过程中，围绕联盟形成及推进中可能存在的风险、发生的问题，提前进行预判而形成的不确定性预期，这既体现了创业企业对联盟不确定性的主观判断，又以特定的不确定性类型展现出联盟组合所嵌入的风险情境，因而对不确定性形成了更为全面的考察。

对于联盟组合不确定性的测量，我们采用文本编码的方式进行。在本数据库中，首先对创业企业发布的每一条联盟公告披露的不确定性风险进行文本编码，识别出 6 种不确定性，分别是市场不确定性、合作模式不确定性、合同实施不确定性、技术不确定性、资金不确定性、政策与法律不确定性。所谓市场不确定性，是指联盟可能遭遇到创业企业或其联盟伙伴所属行业的市场需求变化，抑或双方展开战略联盟合作的对应市场领域发生市场动荡所带来的不确定性；合作模式不确定性是指创业企业及其联盟伙伴对于双方的合作模式是否能够带来稳定的收入，抑或收入模式的稳定性方面存有疑虑等形成的不确定性；合同实施不确定性，是指战略联盟实施过程中联盟双方可能存在责权利分配、联合问题解决、关键价值活动配合等问题，由于协调不到位或处理不及时可能产生的不确定性；技术不确定性，是指支撑联盟实施的关键技术，抑或创业企业及其联盟伙伴经营所涉及技术领域的重大变化、技术更新等不确定性；资金不确定性，是指联盟推进所需资金可能存在保障性风险，难以为联盟合作提供资金支持的不确定性；政策与法律不确定性，是指联盟所指向的行业、市场领域存在重大政策法规约束，市场准入、行业标准等政策调整带来的不确定性。

上述不确定性是创业企业在建构每一个联盟时预先对联盟不确定性的前景预期，这种不确定性在联盟组合情境下会形成创业企业所构建网络整体性的不确定性风险。当创业企业联盟组合包含多种不确定性时，如一个联盟具有市场不确定性，一个联盟具有技术不确定性，而其他联盟则表现出收入模式以及联盟推进过程的不确定性，这意味着创业企业所构建联盟组合蕴含着高度的不确定性，且表现为多样化的不确定性类型，这会极大地增加创业企业管理联盟组合，控制联盟组合风险的难度与成本。高不确定性不仅是联盟组合中单一类型不确定性的累加，更在于多类型不确定性的覆盖，这表明创业企业在联盟组合层面面对着多种来源的不确定性。

如图 3 - 4 所示，从本数据库所刻画的联盟组合不确定性来看，在 789 个可观测样本中，我们将联盟组合不确定性风险在 5 以上（包含 5 种不确定性）的企业划分为高不确定性组，企业数量为 4，占比 0.51%；将联盟组合不确定性风险为 3 或 4 种不确定性的企业划分为中不确定性组，企业数量为 117，占比 14.83%；将联盟组合不确定性风险为 3 以下（不包含 3 种不确定性）的企业划分为低不确定性组，企业数量为 668，占比 84.66%。数据分布情况表明，大多数创业企业所构建的联盟组合具有中等的不确定性，说明企业在构建联盟组合时会综合考虑联盟潜在的风险，谨慎建立在多个方面蕴含不确定性的联盟，从而从整体上控制联盟组合的系统性不确定风险，降低创业企业治理联盟组合的成本。

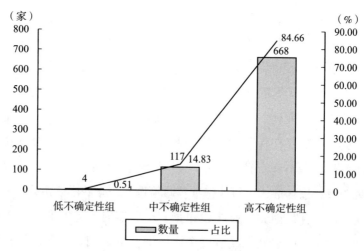

图 3 - 4　联盟组合蕴含的不确定性类型

从纵向时间维度来看，两类不确定性风险增长较快，分别是市场不确定性和合同实施不确定性。创业企业在上市后，集中地表现出市场不确定性和合同实施不确定性的快速增长，且相较其他类型不确定性有较大的差距。可能的原因在于：首先，创业企业在上市初期借助战略联盟的建立努力拓展业务，谋求快速成长，此时的联盟行为以获取资源为主要目标，而不是对市场风险的谨慎把控。因此，尽管创业企业所建构联盟展现出越来越高的不确定性，但创业企业着重通过联盟获取成长所需的资源，而将联盟可能蕴含的不确定性纳入联盟预期中，意味着创业企业并不是忽略不确定性而盲目建立联盟，而是在预期可能存在不确定性的情况下以资源获取为联盟组合建立的主旨。其次，战略联盟实施过程的不确定性是创业企业治理联盟的关键因素，而随着创业企业建立联盟组合的规模增大（伴随着时间的延长），创业企业同时管理多个联盟的实施难度提高，这就带来联盟组合不确定性的增强。从这个意义上说，随着联盟组合规模的扩大，创业企业应当培养联盟组合治理能力，更好地驾驭存在交互关联性的联盟组合，以获得联盟的组合效应。

3.5.2　联盟组合的管理方式

联盟组合不仅包含了以创业企业为焦点的多个联盟，而且蕴含着跨联盟间的交互关联性，即不同联盟间存在相互作用，这就为创业企业管理联盟组合带来一定的难度。已有研究围绕联盟组合管理展开深入研究，特别提出联盟组合管理能力的构念。所谓联盟组合管理能力是指企业借助搜寻并筛选联盟伙伴，建立联盟并对联盟进行治理，在跨联盟间协调并进行资源配置等方式充分发挥联盟组合对竞争优势的支撑作用。联盟组合管理能力包含塑造联盟组合战略、发展联盟组合管理系统、协调多个联盟合作伙伴间关系的能力，这种能力影响着企业的绩效水平。关于联盟组合管理能力的已有研究，影响力最大的是萨卡等（2009）从三个维度建构的联盟组合管理能力构念体系，包含合作主动性、关系治理和跨联盟协调三个维度。但这一测量主要是采用量表的方式，本数据库基于二手数据库形成的客观测量难以识别上述三个维度的联盟组合管理能力。

我们在创业企业所发布的联盟公告中识别出了四种联盟组合管理方式，分别为成立合资公司、成立管理部门、成立管理小组和设立专门管理人员。成立合资公司是以股权投资的方式对战略联盟进行管理，其管理成本的投入最大，也体现出创业企业对联盟管理的重视。在这种管理方式中，创业企业与联盟伙伴都对联盟的管理作出投入（双方对合资公司投资入股），通过股权的方式将二者连接在特定的战略联盟上，使得联盟双方的收益与联盟实施过程及其是否能够实现联盟目标联系起来，增强了联盟双方为推进联盟而作出的战略承诺与管理注意。

相较之下，不管是成立聚焦联盟实施推进的管理部门，还是小组抑或人员，都是以非股权的方式，通过组织的安排保障对联盟的管理。成立管理部门是在发起联盟的创业企业内部设立管理战略联盟的职能部门，即使这一部门的设立是临时性的（在联盟存续期内保持存在），但这仍是在企业组织框架内的结构安排以促进对联盟的管理。成立管理小组或者设立相应的管理人员，以相对于股权安排与组织结构安排较为松散的人员安排，对接联盟相关工作。尽管这种方式的管理资源投入有限，但其灵活的组织方式与精简的人员架构，能够提高联盟的管理效率，适用于联盟推进复杂度不高的相关联盟管理。

如图 3-5 所示，在数据库所包含的 565 个样本观测值中，以成立合资公司的方式开展管理的战略联盟数量为 400，占比 70.80%；以成立管理部门的方式开展管理的战略联盟数量为 37，占比 6.55%；以成立管理小组的方式开展管理的战略联盟数量为 63，占比 11.15%；以设立专门人员的方式开展管理的战略联盟为 65，占比 11.50%。进一步地，从联盟组合层面来看，在联盟组合中采用成立合资公司的联盟管理方式在 33% 以下（包含 33%）的企业数量为 2，占比 0.5%；联盟组合中 33%～66%（包含 66%）的联盟采用合资公司方式进行联盟管理的企业数量为 46，占比 11.5%；超过 66% 的以成立合资公司的方式管理战略联盟的企业数量为 352，占比 88%。

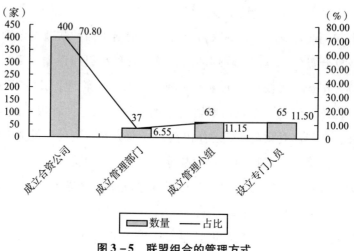

图 3-5　联盟组合的管理方式

上述数据结果表明，较多的创业企业通过成立合资公司的方式管理联盟组合，意味着创业企业较为认可股权治理的方式，这对于上市初期尚缺乏联盟管理经验的创业企业而言能够降低联盟实施过程的治理成本。创业企业采用股权方式通过成立合资公司来管理联盟组合，意味着对于此种联盟关系作出投资承诺。相比成熟的大企业来说，缺乏声誉和资源的创业企业很难使联盟合作伙伴主动进行专有性资源和资产的投资，也不会激发他们主动共享资源、知识和能力的动力。从这个角度看，仅有协议的签订和存在，双方对于专有性知识和资源投资的意愿会很大程度地降低，因此只有在双方进行股权式治理的情形下才会更加愿意对专有性知识和资源进行投资（Williamson，2000）。进一步地，创业企业通过成立合资公司的方式对联盟作出高承诺会对联盟伙伴施加更强的影响，表现为促进来自不同行业的联盟伙伴作出有助于联盟合作目标实现的行为，以及对专有性知识和资源的投资（Blodgett，1992）。创业企业通过股权式的联盟管理来提高在联盟合作中的控制权，也更有可能说服联盟伙伴或者向联盟伙伴施加压力，以促进来自不同行业的联盟合作伙伴之间的知识、技能和信息的共享，甚至有可能影响联盟伙伴选择转移的信息、技术或者资源的类型，从而有利于产生互补资源和能力的组合（Cui & O'Connor，2012）。

3.5.3　联盟组合的学习方式

创业企业构建联盟组合，不仅要利用联盟组合获取外部资源，而且要通过特定的学习方式从联盟伙伴那里获取知识和信息，以保障联盟资源得到更好的吸收与利用。从创业企业发布的联盟公告来看，创业企业在联盟内所采用的学习方式主要有四种，分别是培训、现场指导、提供专利与提供人才支持。所谓培训主要是指创业企业与联盟伙伴商议联合开发培训课程，围绕双方所具有的技术优势与资源，就联盟的推进、关键价值活动的开展、特定资源的使用进行培训；所谓现场指导，则是指联盟资源提供方为对方提供派驻现场的技术指导或运营指导，以提供贴近企业一线运营管理实践的辅助支持；所谓提供专利支持是指联盟伙伴为联盟焦点企业，即本数据库中的创业企业提供专利，尽管这具有资源供给的内涵，但专利提供并不是联盟本身所提供的关键资源，而是为了推进联盟的实施而提供支持性的技术专利或工艺流程专利；所谓提供人才支持，是指联盟伙伴为焦点企业提供人员方面的支持与指导，即派遣关键人员支持联盟合作方的联盟实践或联盟涉及的关键价值活动。

如图 3-6 所示，在数据库所包含的 418 个样本观测值中，以培训的方式开展联盟学习的企业数量为 20，占比 4.78%；以现场指导的方式开展联盟学习的企业数量为 15，占比 3.59%；通过提供专利的方式开展联盟学习的企业数量为 147，占比 35.17%；通过提供人才支持的方式开展联盟学习的企业数量为 236，占比 56.46%。数据分布情况表明，在联盟学习方式中，提供人才支持是创业企业较多采用的学习方式，这也是创业企业较容易采用的一种方式，通过人员的派驻传递联盟实施过程推动所需要的知识、技能与管理精力，这有利于联盟资源被最大限度地激发出来。

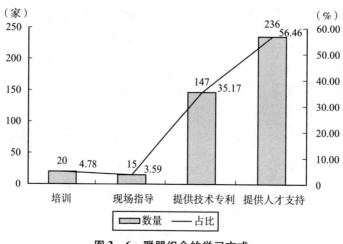

图 3-6 联盟组合的学习方式

如图 3-7 所示，从联盟组合层面来看，在联盟组合中不采用联盟学习方式的企业数量为 270，占比 27.05%；在联盟组合中仅采用一种联盟学习方式的企业数量为 649，占比 65.03%；在联盟组合中采用两种联盟学习方式的企业数量为 67，占比 6.71%；在联盟组合中采用 3 种联盟学习方式的企业数量为 11，占比 1.10%；在联盟组合中采用 3 种以上联盟学习方式的企业数量为 1，占比 0.10%。数据分布情况表明，创业企业较多地采用单一方式开展联盟学习，在考虑联盟特定功能属性的情境下，如生产联盟更需要现场指导，研发联盟更需要技术专利，为联盟的实施配置适应性的联盟学习方式。

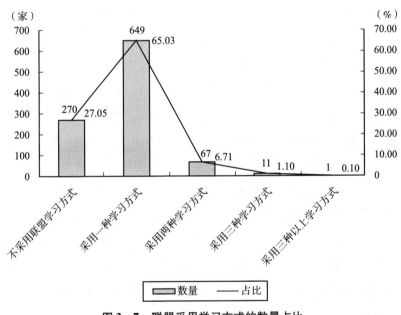

图 3 - 7　联盟采用学习方式的数量占比

第4章 从高管团队的角度建立对联盟网络的微观基础解释

创业企业的战略选择在很大程度上取决于决策主体的战略逻辑，来自决策主体的战略意图与战略内容是决定创业企业能否成功的关键因素之一。因此，有关创业企业成长的研究，在学术上经历了从关注创业者特质（谁是创业者）到行为（做了什么）再到认知（如何思维与决策）的不断深化。而高层梯队理论（upper echelons theory）通过深入企业层面、网络层面、高管团队层面来解释创业者特质与创业企业战略决策之间的关系，为创业研究拓宽了思路。那么，这些特征是否有助于创业企业实现绩效提升？在创业板上市的企业有着不同高管团队结构，他们在所构建的联盟网络特征上是否具有明显的差异？这是我们立足创业网络微观基础而探讨的关键问题。高管团队和董事会在创业网络形成中扮演着至关重要的角色，他们一方面是决定形成何种网络的关键决策者，另一方面还在调动网络资源、维护网络关系等方面发挥着主动性作用。什么样的高管团队更可能推动哪种类型的创业网络形成？高管团队的哪些特征更可能带来创业网络呈现多样化的结构，本章将重点阐述高管团队特征对以联盟为构成的网络多样性的影响及其作用机制。

4.1 高管团队规模与联盟网络

构建联盟网络已成为企业战略规划的核心。这种战略的制定和实施很大程度上依赖于企业的高层管理团队。高管团队是企业生产经营中通过行使决策权与控制权引领企业未来发展方向的高层管理群体，是企业战略制定与执行的中坚力量。高管团队成员一方面各自肩负着与不同任务和责任相关的职能，另一方面各成员的立场在某种程度上是相互关联的，为战略引领的总体职能服务。这些高管的个人属性和集体行为对企业如何构建、维护以及利用其联盟网络产生深远影响。

根据资源依赖理论（resource dependence theory），组织存在的一个基本动机是获取和维持必要的资源，以此降低对外部环境的依赖和不确定性。在这一理论框架下，高管团队的特质包括他们的社会资本、专业经验、教育背景和个人网络等，都构成了组织可以动用的资源库。例如，拥有广泛社会联系的高管可能会通过个人关系网络获取市场情报、资金支持或技术合作，这样的资源优势让企业更容易构建起规模宏大、资源丰富的联盟网络。高层梯队理论进一步拓展了我们对高管团队影响的理解，强调高层管理者的价值观、认知和心理特质对组织策略和绩效的影响。高管团队的多样性和复杂性，比如性别、年龄、教育和文化背景的差异，有助于提升团队对外部机会的识别能力，从而构建更加多元化和创新性的联盟网络。团队成员的多样性还能增强决策的深度和广度，因为不同的视角和专业知识有助于更全面地评估潜在的风险和机会。社会资本理论（social capital theory）进一步阐明了社会网络在资源获取中的作用。高管团队的社会资本，包括其成员的人际关系和组织关系，能够提供获取新信息、资源和机会的渠道。这种资本不仅能够帮助企业获取资源，还能提升企业的信誉和影响力，从而在潜在联盟伙伴中建立信任，促进合作伙伴关系的形成和联盟网络的扩张。网络理论（network theory）则从宏观角度分析组织间的互动模式，认为组织之间的网络关系对行为和成果有决定性影响。在这一理论下，高管团队的特质影响着其与外部组织的关系建立、资源共享及协同工作的能力。高效的网络关系建设不仅能够带来直接的资源交换，还可能促进间接的资源流动，如通过合作伙伴的合作伙伴获取资源，形成一个复杂的联盟网络结构。

高管团队是企业的主要决策者和管理者，他们通过行使决策权和控制权来引导企业未来的发展方向，是制定和执行企业战略的核心力量。高管团队的成员承担着各种不同任务和责任，同时他们的立场在一定程度上是相互关联的，共同为战略引领的总体职能服务。高管团队成员在年龄、性别、经历等方面存在的差异使得高管团队人力资本产生了异质性，提升了企业高级人力资本的丰富程度，产生的增量作用成为企业发展的重要源动力。高阶梯队理论指出，高级管理者的特征和经验塑造了他们的感知，成为战略选择和组织行动的催化剂。当他们在团队规模上有差异化的表现，意味着他们在团队层面形成不同的知识结构与认知图示。此外，职业经历对管理者的价值观等个人特质产生的重要影响，使得企业的决策结果呈现出明显的"管理者效应"。抑或他们在对内兼任董事、对外联合任职等建立个人化网络关系上存在不同特征，以及他们在曾经的工作单位积累了不同经验的情境下，企业所构建的联盟网络都可能呈现出结构与内容上的差异。

4.1.1　高管团队规模对联盟网络规模的影响

高管团队的规模是不是越大越好？直观地看，较大规模的高管团队可能带来更丰富的、多元的知识和经验，为企业引入更多的外部信息和机会，这有利于战略制定前决策依据的充分准备。高管可以通过个人关系网络获取企业发展所需的关键资源，这些资源包括信息、资金、技术和人才。一个较大的高管团队不仅意味着更广泛的个人网络和更多元的资源获取渠道，也意味着更强大的信息处理和整合能力。这些能力是构建强大、有效的战略联盟所必需的，因为它们有助于识别潜在的合作伙伴，评估联盟的可行性，并有效管理联盟关系。同时，高管团队规模的扩大有利于人员流动，这在提高资源共享率方面尤为重要。较大的团队通常意味着更多样化的背景和经验，这促进了不同思想和观点的碰撞。在这种环境下，创新思维得以孕育和成长，从而加速了不同企业间的资源共享和知识转移。例如，团队成员之间的跨公司合作和交流可以揭示新的市场机会，促进新技术的开发和应用。此外，扩大高管团队规模还有助于获取企业内外部环境的支持。内部方面，一个多元化的高管团队可以增强企业的决策质量。不同的观点和专业知识可以帮助识别并缓解潜在的风险，同时发掘新的商业机会。外部方面，较大的高管团队通过其广泛的个人网络，可以更有效地与外部利益相关者建立联系，如供应商、客户、政府机构和其他商业伙伴。这种关系的建立和维护对于企业的长期成功至关重要。

但同时规模的扩大会降低高管团队的决策效率与执行效果，这不利于战略执行阶段的统一行动。例如，管理复杂性的增加和潜在的内部冲突可能会抑制团队的有效沟通和决策。因此，企业在扩大高管团队规模时，也需要考虑如何维持高效的团队动态和组织结构。通过适当的管理策略和组织设计，企业可以最大化高管团队规模带来的好处，同时抑制可能的负面影响。

从本数据库关于高管团队规模的数据分布来看，创业板上市企业高管团队的平均规模为 6.66，根据高管团队的人数规模，我们将企业样本划分为三组：第一组为小规模高管团队组，高管人数在 6 人及以下（包含 6 人），占比 53.84%；第二组为中等规模高管团队组，高管人数为 7~10 人，占比 40.34%；第三组为大规模高管团队组，高管人数为 11 人以上（包含 11 人），占比 5.82%。

根据这一分组，我们发现创业企业所构建的联盟网络规模呈现出显著差异（$F = 15.862$，$p = 0.000$）。这意味着，企业高管团队规模与联盟网络规模正相关，高管团队规模较大的企业更可能构建规模较大的联盟网络，而高管团队规模较小的企业在扩大联盟网络规模上存在局限。从数据结果来看，大规模高管团队组企业所构建的联盟网络平均规模值为 5.5，高于中等规模高管团队组的 3.1 和小规模高管团队组的 2.4，如图 4-1 所示。

从这一结果可以看出，高管团队规模更能够发挥信息与知识的规模效应。规模较大的高管团队，由于成员数量多，能够通过各自的社会关系网络引入更多元化的信息渠道和知识，这种信息和知识的深度及广度对企业构建和维护联盟网络至关重要。根据组织学习理论，组织的知识获取与创新能力，与其内部成员的知识多样性和信息处理能力紧密相关。多元化的高管团队可通过个人的专业背景和经验，促进组织内部知识的交流与整合，增强企业的创新能力和市场适应性。同时，高管团队规模的扩大，可以带来更广泛的社会资本，这些社会资本可以转化为战略资源，用于建立和发展联盟网络。

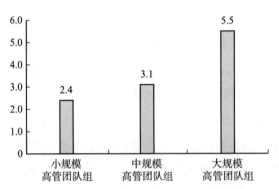

图 4 - 1　高管团队规模分组与联盟网络规模差异

在联盟网络理论中，企业通过联盟关系可以获取并整合外部资源，提高自身的竞争优势。高管团队的社会网络为企业提供了接触潜在联盟伙伴的机会，这些机会源自高管个人在行业内的关系和声誉。此外，社会资本理论也强调了这种社会网络中的关系和资源对企业战略实施的重要性，特别是在资源依赖理论的视角下，高管团队的社会资本能够有效降低企业对关键资源的依赖风险。当企业的战略目标是扩大联盟网络规模时，高管团队的规模和质量成为实现这一目标的基础。因为高管团队不仅能够直接通过其社会网络为企业带来资源，还能通过个人影响力和信任关系，降低与新伙伴建立联盟关系的成本和复杂性。

综上所述，扩大高管团队的规模能够在企业的知识管理和联盟网络构建上产生多种积极影响。通过高管团队引入的资源和信息，企业可以更好地捕捉市场机会，促进技术创新，加强与其他组织的合作，从而在激烈的市场竞争中占据有利地位。

4.1.2 高管团队规模对创业网络资源多样性的影响

创业网络资源多样性主要体现的是企业能够从外部获取并整合的不同类型资源的丰富程度。人力资源、信息资源、技术资源等多样化的资源能为企业提供持续性竞争优势，帮助企业实现可持续发展，并且在一定程度上提高了企业的创业成功率。资源的多样性不仅能够增强企业的竞争能力，而且在促进企业的创新和升级方面也发挥着关键作用。通过整合和获取不同类型的资源，企业能够更有效地响应市场变化，推动产品和服务的创新，从而在激烈的市场竞争中脱颖而出。同时，这也有助于降低企业在创业过程中面临的各种风险，如市场风险、技术风险和资金风险。高管团队作为企业战略制定与执行的中坚力量，高管团队的规模对于企业创业网络资源多样性的形成有着至关重要的影响。一个更大规模的高管团队通常意味着更广泛的行业经验和更丰富的个人关系网络，对企业获取和整合外部资源的能力产生积极影响。同时，规模较大的高管团队可能提供更多的观点和想法，帮助企业识别和利用更多元化的资源。此外，团队成员各自的关系网络和专业知识也可以为企业打开更多获取资源的渠道。

就本书关于高管团队规模的分组来看，创业企业的创业网络资源多样性有显著差异（$F = 5.374$，$p = 0.000$）。即高管团队规模较大的企业其创业网络资源多样性较强，而高管团队规模较小的企业的创业网络资源多样性较弱。从数据结果可以发现，大规模高管团队组创业网络资源多样性的平均强度为 0.4205，中等规模高管团队组为 0.3376，而小规模高管团队组仅为 0.2970，如图 4 - 2 所示。

从这一结果可以看出，大规模的高管团队更能实现企业创业网络资源的多样性。资源依赖理论为理解高管团队规模如何影响创业网络资源多样性提供了一个有力的理论框架。该理论由萨兰吉克和普费弗（Salancik & Pfeffer）于 1978 年提出，核心观点是组织对其外部环境中的资源存在依赖关系，而这种依赖关系促使组织采取策略以获得所需资源并减少不确定性。在资源依赖理论的视角下,高管团队的规模直接影响企业对外部资源的获取能力。较大的高管团队通常意味着拥有更广泛的行业联系和更深厚的市场洞察力。这种广泛的联系和洞察力有助于企业识别、获取和整合各种关键资源,如资金、技术、信息和人才。同时,多样化的资源还能减少对单一资源的过分依赖。根据资源依赖理论,减少对单一资源或特定资源类别的依赖是组织生存和成功的关键。高管团队规模的扩大有助于企业接触和利用多元化的资源,这种多样性的资源组合降低了企业对任何单一资源的过度依赖,进而减少了市场波动或资源短缺带来的风险。而且较大的高管团队还可以促进更有效的战略决策和资源整合。团队成员的不同背景和经验为企业提供了更丰富的视角,有助于评估和利用各种资源。在面临复杂的市场和技术环境时,这种多元化的视角尤为重要,它可以帮助企业更准确地判断资源的价值和应用方式。

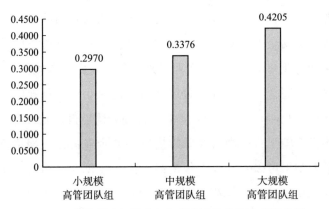

图 4-2　高管团队规模分组与创业网络资源多样性差异

综上所述,在资源依赖理论的框架下,高管团队规模对创业网络资源多样性的影响显而易见。一个大型的高管团队可以帮助企业更有效地获取和整合多样化的资源,减少对单一资源的依赖,从而提高企业的市场适应性和竞争力。

4.1.3 高管团队规模对创业网络功能多样性的影响

创业网络功能多样性主要体现的是创业者建立和维持的网络中能够提供不同支持功能关系的丰富程度，这些支持功能主要体现在资金支持、信息与知识提供、技术支持、商业指导、人脉拓展等方面。通常来讲，规模较大的高管团队其职业背景异质性较高，社会资本更加丰富，对获取多样化信息与资源有一定的优势。据本书对高管团队规模的分组，样本创业企业创业网络功能多样性有显著差异（$F = 1.76$，$p = 0.000$）。从数据结果来看，创业企业的高管团队规模越大，其创业网络功能多样性越强，反之亦然。进一步分析可发现，小规模高管团队组创业网络功能多样性的平均强度为 0.4654，低于中等规模高管团队组的 0.4756 和大规模高管团队组的0.5309，如图 4 - 3 所示。

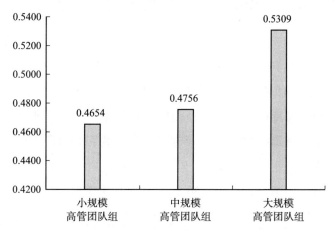

图 4 - 3　高管团队规模分组与创业网络功能多样性差异

从这一结果可以看出，大规模的高管团队更能实现企业创业网络功能的多样性。根据资源基础观（resource-based view）的理论框架，企业的竞争优势源自其独特且难以模仿的资源和能力。在此理论框架下，规模较大的高管团队可能意味着更丰富的知识、技能和经验，从而为企业提供更广泛的资源和能力。由于高管团队成员可能携带不同的行业联系、市场洞察和技术专长，这种多元化的资源和能力则可以更有效地转化为创业网络中更多样的功能。社会资本的增加同样可以提高创业网络的功能多样性，规模较大的高管团队也意味着更广泛的人脉网络，为企业提供了更多样化的信息、资源和支持。此外，组织学习理论指出，组织的学习和创新能力取决于其成员的多样性。规模较大的高管团队可能包括不同背景和经验的高管成员，可以促进创新思维和创造性解决方案的产生。这种多样性不仅增加了内部的知识和创新能力，也可以通过网络外部的联系带来新的观点和信息，进一步增强网络功能的多样性。

综上所述，高管团队规模能在资源多样性向功能多样性转化，社会资本积累以及丰富组织创新能力等多方面促进创业网络功能多样性的提升。

4.2　高管团队先前经验与联盟网络

经验主要是指个人经历的沉淀，它是个体与外部环境之间相互作用的结果。20世纪90年代初，学术界兴起了先前经验的相关研究，关注组织团队成员的某种经验特征以及这种经验特征对创业行为、企业绩效、战略决策的影响（张艳辉等，2020）。这类经验特征主要包括创业者或者组织团队成员曾经在相关行业工作的行业经验、创建新企业的创业经验（Amoroso et al.，2018；Mueller & Shepherd，2016）、在其他组织做过管理工作的管理经验，以及是否进行过新产品开发、技术研发等特殊经验，与某类特定的人打过交道的沟通经验，其他职能经验，例如研发、营销、法务、财务等工作的职能经验（张玉利等，2008；Politis，2005；Gaglio & Katz，2001）。

关于先前经验的测量方法，目前学术界并没有形成统一的结论。依据先前经验的内涵，结合现有研究发现，目前学术界对先前经验的测量方法主要包括三种：（1）主观评价。一般在衡量个人经验的丰富性或者说衡量个人经验与现有工作内容的相关性等难以直接客观测量的变量指标时，学者多使用主观的评价法来测量经验，但是这种方法客观性不强，使用的范围较小。（2）客观评价。一般客观评价法利用个人先前创业的次数、在先前工作组织中从事某工作岗位的年限或者先前工作中相关岗位经历的次数等可以直接测量的变量指标来衡量个人的经验，这种测量方式被大多数学者所接受，且比较容易获得数据，但是这种测量方式容易导致目标指标涵盖的内容不全，忽略某些重要的内容。（3）主客观评价相结合。本书采用客观的评价法去衡量高管团队的工作经验，利用高管团队曾任职平均单位数来考量高管团队的先前经验，曾任职平均单位数越多意味着高管团队的先前经验越丰富。

已有研究从不同的角度去解释高管团队先前经验。例如，有学者认为高管团队的先前经验可以为企业带来资源进而促进商业模式创新（李颖等，2021）。在创业研究领域中，学者认为先前经验可以在创业者筹集创业资金时起到重要作用，进而促使新创企业的资金状况尽快过渡到良好的状态（李全海等，2022）。并且与没有先前经验的创业者相比，先前经验丰富的创业者能够为新创企业带来更多的金融支持（胡新华等，2020）。除了财务资源，个人或者团队的先前经验也能为新创企业带来其他的外部资源，例如有政府工作经验的个人能为新创企业带来一些政治资本（刘伟等，2019）；工作经验能帮助企业积累独特的人力资本和社会资本；具有长期工作经验的设计工程师身上的技术资源能够作为新创企业重要的资源；在体制外的工作经验能够帮助个人积累有关如何服务市场、解决顾客问题和获取市场资源等方面的市场运作知识。也有学者从学习的角度去探讨工作经验，指出先前经验是获取商业模式创新所需知识的重要来源（黄明睿等，2021）。

先前经验不仅为管理者提供了运营企业所需的知识结构，更塑造了他们的思维模式，从而对其决策和行为产生深远影响。阿尔迪奇维利等（Ardichvili et al.，2003）指出，先前经验有助于资源获取。高管依赖于先前经验获得的事前信息，以及因此形成的独特认知和信念，来评估并预测获取高质量网络资源的可能性。高管的先前经验对企业在关系开拓、关系处理和决策制定等方面具有影响，这些方面对于资源获取过程中的网络关系管理和决策至关重要。恩格尔等（Engel et al.，2017）的研究表明，高管建立社会网络的行为特质源自其先前知识和信息，这构建了创新构想。因此，高管能否构建高质量社会网络或一般性社会网络，与其创业之前掌握的专业知识和事前信息程度息息相关。丰富的职能经验赋予高管熟练的业务技能和人际沟通能力。这不仅使高管与他人建立良好信任关系，还能帮助他们识别和开发潜在的价值网络，从而有针对性地融入不同的关系网络。结合艾伯特·班杜拉（Albert Bandura）的社会认知理论，职能经验不仅促使高管掌握更多元化的专业知识和事前信息，同时也塑造了信息加工和业务技能等个人能力。综上所述，先前经验对于高管的决策、行为以及社会网络建构具有显著影响，这在企业运营和创新发展过程中扮演着重要角色。

同时，先前经验也对高管的社会网络构建质量有着深远的影响，这一影响主要通过两个关键路径展现。一是信息路径，先前经验不同于职能经验所提供的技能性信息。它承载着成功经验中蕴含的市场、顾客和合作等信息，以及失败经历所带来的教训。在创业成功方面，大部分成功高管会遵循某种标准的路径，利用先前成功获取的行业信息和建立的利益关系来扩大其网络规模，间接接触到其他关键网络成员。这些成功经验直接影响着网络中其他成员对高管能力的评估，并促使他们积极提供市场、技术及潜在合作机会等关键信息。而对于创业失败者来说，观察和反思则成为积累可靠事前信息的途径，以提高规避风险的能力，例如寻求更多合作伙伴等。因此，事前信息是推动高管评估创业行为可用价值，并有效建立联系的关键因素之一。二是资源路径，先前经验使得高管在丰富的职业历程中积累了广泛的人脉资源，为再次创业时的社会网络构建打下了坚实基础。特别是，多次在同一或相近行业进行创业的高管能够直接接触到该行业的专家、人才以及各类组织，为他们再次创业提供合作对象并积极构建社会网络所需的初期资源。这有助于促进高管构建高质量的社会网络，为未来的创业活动奠定了坚实基础。

阿尔迪奇维利等（Ardichvili et al.，2003）提出，基于先前经验，高管在知识与信息上拥有独特的收获，将他们引向不同的"知识走廊"，形成了独特的观点和行为方式。这种独到的观点和认知方式对新创企业资源获取过程产生深刻影响，主要体现在资源渠道数量和获取可能性两个方面。根据雷鲁普（Rerup，2005）的研究，拥有丰富创业经验的高管更擅长积累渠道资源。同时，与缺乏或拥有较少创业经验的人相比，资源所有者更愿意将资源提供给有着创业经验的人。阿德勒和权（Adler & Kwon，2014）也指出，尽管网络联系提供了资源获取的机会，但必须将潜在联系转化为实质性的资源流通联系，这才能真正使高管从其社会网络中获益。先前经验在帮助高管克服新进入市场的障碍上发挥了关键作用，有助于开拓新的业务关系。因此，具有先前经验的高管更善于将其社会网络中的联系对象转化为资源获取的渠道。在同等规模的社会网络下，有经验的高管能够转化更多的渠道资源，这增强了渠道带来的正向作用。

4.2.1 高管团队先前经验对联盟网络规模的影响

从本数据库关于高管团队曾任职平均单位数分布来看，创业板上市企业高管团队曾任职平均单位数平均为 1.667，根据高管团队曾任职平均单位数将企业样本划分为以下三组：第一组为高管团队先前经验较弱组，高管团队曾任职平均单位数在 1.08 及以下（包含 6 人），占比 25.92%；第二组为高管团队先前经验一般组，高管团队曾任职平均单位数为 1.09 ~ 2.20，占比 48.43%；第三组为高管团队先前经验丰富组，高管团队曾任职平均单位数为 2.21 以上（包含 2.21），占比 25.63%。

由此分组可以发现样本创业企业所构建的联盟网络规模呈现出显著差异（$F = 2.83$，$p = 0.000$）。这意味着高管团队先前经验丰富的企业更可能构建规模较大的联盟网络，而高管团队先前经验较弱的企业则在扩大联盟网络规模上存在局限。从数据结果来看，高管团队先前经验丰富组所构建的联盟网络平均规模值为 4.7560，高于高管团队先前经验一般组的 4.2313 和高管团队先前经验较弱组的 4.0020，如图 4 - 4 所示。

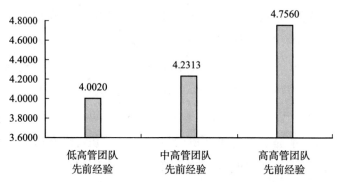

图 4 - 4　高管团队先前经验分组与联盟网络规模差异

从这一结果可以看出，先前经验对于联盟网络的管理与利用有所帮助。高管的先前经验有助于其积累丰富的知识与技术，这些隐性资源促使个体迅速、有效地采取行动，不仅有助于新机会的发现和利用，而且通常具有难以被竞争对手效仿的特性，成为企业竞争优势的来源。

首先，高管团队的先前经验丰富，意味着他们在各自领域积累了丰富的知识和经验。这使得他们更懂得如何建立并维护更广泛、更稳固的联盟网络。通过先前的成功和失败经验，他们积累了更多的行业信息、顾客需求和合作关系，这有助于在联盟网络中获取更多资源。

其次，经验丰富的高管团队更具信心和能力去拓展与不同领域和专业的合作伙伴关系。他们能够从过往的经验中吸取教训，更加灵活地应对不同合作伙伴的需求和挑战，有着更广泛的视野去发展联盟网络。因此，经验丰富的高管团队能够更好地利用先前积累的知识和资源，以更广阔、更有影响力的方式构建和扩展联盟网络，而相对缺乏经验的团队可能在这方面面临一定的困难和限制。

4.2.2 高管团队先前经验对创业网络资源多样性的影响

根据本书对高管团队先前经验的分组，我们发现样本创业企业的创业网络资源多样性呈现出显著差异（$F=2.24$，$p=0.032$）。说明高管团队先前经验丰富的企业其创业网络资源多样性较强，而高管团队先前经验较弱的企业的创业网络资源多样性较弱。从样本的数据结果来看，高管团队先前经验丰富组的创业网络资源多样性的平均强度为 0.4890，高于高管团队先前经验一般组的 0.4679 和高管团队先前经验较弱组的 0.4572，如图 4-5 所示。

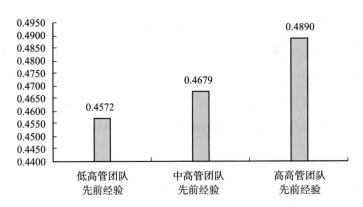

图 4-5　高管团队先前经验分组与创业网络资源多样性差异

从这一结果可以看出，高管团队的经验对企业的创业网络资源多样性有着深远的影响。高管团队先前经验丰富的企业往往能够借助其成员的广泛知识和经验，建立起一个多元化且广泛的创业网络。这是因为这些经验丰富的领导者在过去的工作中积累了丰富的资源和人脉，有能力引导企业与不同领域、不同背景的合作伙伴建立联系，从而扩展企业的资源网络，提升其多样性。相反地，高管团队先前经验较弱的企业可能面临着创业网络资源多样性较弱的挑战。这是因为缺乏经验的领导者可能无法充分利用自身的人脉和资源，也可能在跨领域合作或开拓新的网络关系方面缺乏足够的洞察力和能力。因此，这些企业可能在初始阶段无法建立起多样化的创业网络，导致资源获取相对受限，多样性较弱。因此，高管团队的经验水平在很大程度上塑造了企业的创业网络资源多样性。经验丰富的团队能够借助其广泛的资源和人脉，构建多元化的创业网络，为企业带来更广阔的发展机会。

4.2.3　高管团队先前经验对创业网络功能多样性的影响

根据本书对高管团队先前经验的分组，我们发现样本创业企业的创业网络功能多样性呈现出显著差异（$F = 2.12$，$p = 0.048$）。说明高管团队先前经验丰富的企业其创业网络功能多样性较强，但高管团队先前经验对创业网络功能多样性的影响可能存在一定的临界值，超过这一临界值创业网络功能多样性可能会下降。从样本的数据结果来看，高管团队先前经验丰富组的创业网络功能多样性的平均强度为0.4767，低于高管团队先前经验一般组的0.4881，但高于高管团队先前经验较弱组的0.4460，如图4-6所示。

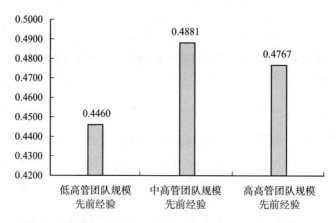

图4-6　高管团队先前经验分组与创业网络功能多样性差异

高管团队的先前经验对创业网络的多样性产生了深远影响。起初，他们借助这些积累的经验积极地推动了创业网络的多元性。这得益于他们能够充分利用自身所拥有的丰富知识和资源，扩展了企业的伙伴关系网络，从而提升了创业网络的多样性和活力。然而，随着时间的推移和高管团队先前经验的不断积累，存在一个临界值。当他们的经验超过这个临界值时，往往陷入了"惯性思维"和"固有偏见"的困境，这将会显著地抑制创新和多元性。这种情况下，高管团队的先前经验对创业网络功能多样性的促进开始逐渐削弱，甚至呈现出一种倒 U 型的趋势。有丰富行业经验的高管能够深入了解产品、流程和技术应用，但长期在同一行业工作可能导致认知方式单一，从而产生了经验惯性。这种固化的思维模式可能在某种程度上限制了创新和洞察力的发挥，进而影响了企业的竞争优势。此外，这种固定思维也反映在资源获取渠道的选择上，即缺乏行业经验的高管倾向于探索多种渠道获取资源，而经验丰富的则更倾向于使用熟悉的渠道。因此，反直觉地，拥有行业丰富经验的高管反而使用的资源获取渠道数量较少，这是因为他们倾向于依赖已知的、稳定的渠道。

4.3　高管团队对外任职与联盟网络

高管团队整体的对外任职情况反映的是高管团队的社会资本，它是指高管团队通过对外担任其他职务，如公司外部董事，从而构建个人关系网络（Taylor，2004），他们的行为也会更多地嵌入在社会网络中。这种表现为个人化关系的社会资本会影响到企业构建组织间关系，进而会对企业绩效产生影响。

高管将如何识别调动嵌入在个人关系中的资源，并转换为企业实际可用的资源，成为影响企业技术创新绩效的重要因素（胡军，2005；吴俊杰和戴勇，2013）。高管在企业技术创新机制中的核心内容是促进企业间资源的流动，不仅能从社会网络中获得丰富的知识资源、商业信息，而且使企业的新产品更容易得到行业认可，从而将企业的技术创新真正转化为绩效上的提升（Yli‐Renko et al.，2001；彭正龙和姜卫韬，2008）。此外，从交易成本理论来看，高管社会资本在进行跨组织资源调动时能够明显地降低搜寻成本、信息成本、决策成本以及监督成本，从而成为企业低成本获取更关键资源的重要路径。因此，本书认为高管团队社会资本在获取关键性、稀缺性创新资源方面具有关键价值。

社会资本理论的核心是网络中的资源。这种网络是可以被构建的，信任和规范是其基础，同时它可以使行为主体摄取各种稀缺资源。高管团队社会资本则是高管乃至整个企业信息的来源，不但为高管提供了非正式的私人信息，也成为企业技术的重要的信息渠道。高新技术企业的自主创新过程涵盖了大量的"创新机会识别"与"创新机会开发"动作，高管是执行这些动作的主体。企业能从高层管理团体与外部联系主体的关系中获取中间业务、资源、信息和控制收益，高管在企业与外部关系网络之间扮演桥梁作用（bridging view）。社会资本的早期研究检验了社会资本对企业联盟组合多样性的影响。关键管理人员的社会网络在企业组建联盟组合时起重要作用，企业的社会资本特征会影响其联盟组合中联盟伙伴关系的多样性（Collins & clark，2003）。高管外部联结是一个重要的信息来源，并且从这些联结获得的信息可以影响公司的决策和绩效。高管外部联结能够使企业快速地获取驻留在企业的边界之外的高品质信息。当一个焦点公司的高管团队成员任职于各种董事会，其集体的经验、关系和信息库将帮助焦点公司认识和把握新的机遇（Useem，1984）。高管外部联结也是企业获得关键资源的通道（Salancik & Pfeffer，1978）。因此，高管团队成员与外部企业的联结使得公司获取信息、知识与资源，并促进与更大的各种不同的伙伴之间联结的建立。换言之，高管团队社会资本越丰富，越可能建立多样的联盟组合。企业联盟组合多样性就是联盟组合中信息、知识和技术等资源的异质性。相较于与相似主体建立更多的联盟而言，与不同的主体建立少数联盟更能够产生多样性资源（Baum，2000）。已有研究显示成员多样性水平越高则联盟组合对焦点企业的贡献越大，资源多样性与企业绩效、创新结果具有正向关系。

另外，从交易成本理论出发，企业在寻找联盟伙伴时总是本能地在寻找那些既能降低交易成本，同时也能管控交易风险的合作对象，而企业高管团队社会资本在企业眼中可能是解决交易成本与风险的一种合理途径，所以企业会利用高管团队社会资本来获得某些异质性资源。高管社会资本对战略联盟伙伴关系建立具有显著影响。研究发现，当企业管理层与外部相关企业具有较好的社会关系以及高管团队内部具有良好的沟通与协调时，企业之间更倾向于建立战略联盟的伙伴关系。

本节将利用高管团队外部董事平均任职数来考量高管团队的对外任职情况，探讨高管团队对外任职对网络联盟的影响，外部董事平均任职数越多意味着高管团队的对外任职强度越大。

4.3.1 高管团队对外任职对联盟网络规模的影响

从本数据库关于高管团队对外任职的数据分布来看，创业板上市企业高管团队外部董事平均任职数平均为 0.1041，根据高管团队外部董事平均任职数，我们将企业样本划分为 3 组，第一组为高管团队对外任职低组，高管团队外部董事平均任职数在 0.051 及以下（包含 0.051），占比 61.72%；第二组为中等规模高管团队组，高管团队外部董事平均任职数为 0.052 ~ 0.300，占比 26.29%；第三组为大规模高管团队组，高管人数为 0.310 以上（包含 0.310），占比 11.99%。

根据数据分组发现样本创业企业所构建的联盟网络规模呈现出显著差异（$F = 8.011$，$p = 0.000$）。说明高管团队对外任职活动较多的企业更可能构建规模较大的联盟网络，但高管团队对外任职对联盟网络的影响可能存在一定的临界值，超过这一临界值联盟网络规模可能会下降。从数据结果来看，高管团队高对外任职组企业所构建的联盟网络平均规模值为 3.6312，低于中等规模高管团队组的 3.7532，但高于小规模高管团队组的 2.3717，如图 4 - 7 所示。

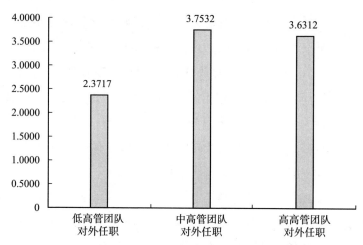

图4-7 高管团队对外任职分组与联盟网络规模差异

从这一结果可以看出，高管团队对外任职对联盟网络规模有深远影响。高管团队对外任职可以显著扩展其社会网络的范围和深度。通过这些外部角色，高管能够接触到更广泛的行业内外人士和组织，从而增加潜在的合作伙伴。这种扩展不仅带来了更多的信息和资源，还可能开启新的商业机会，促进与其他组织的合作。同时，社会资本理论强调了信任和共享规范的重要性。高管团队成员在外部的职务可能增强其个人以及所代表企业的声誉。这种声誉和信任的积累有助于降低与新合作伙伴建立关系时的不确定性，从而促进联盟网络的形成和扩张。高管的外部职务为企业提供了一种机会，将社会资本转换为经济资本。例如，通过外部网络关系获得的关键市场信息或技术知识可以转化为商业优势。企业需要有效管理和利用这些社会资本，以确保它们能够转化为实际的战略优势。此外，对外任职的高管团队通过其多元化的联系可以接触到不同类型的资源和能力，这些资源和能力可能在企业现有网络中不可获取。这种资源的多样性和互补性对于企业进入新市场、开发新产品或采用新技术等方面至关重要。但高管团队对外任职过多可能会分散对本企业的关注程度，这种资源和注意力的分散可能导致对内部管理和战略决策的忽视，进而影响企业对联盟机会的识别和利用能力。因此，在管理实践中要将高管团队对外任职的数量控制在合理的范围内，以保证创业企业的良性发展。

4.3.2 高管团队对外任职对创业网络资源多样性的影响

根据本书对高管团队对外任职的分组，我们发现样本创业企业的创业网络资源多样性呈现出显著差异（$F = 3.110$，$p = 0.045$）。说明高管团队对外任职多的企业其创业网络资源多样性较强，而高管团队对外任职较少的企业其创业网络资源多样性较弱。从数据结果来看，高管团队高对外任职组的创业网络资源多样性的平均强度为 0.4165，高于高管团队对外任职一般组的 0.3567 和高管团队对外任职低组的 0.2923，如图 4 - 8 所示。

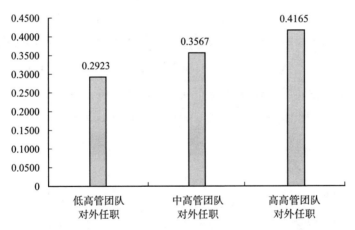

图 4 - 8　高管团队对外任职分组与创业网络资源多样性差异

从这一结果可以看出，高管团队对外任职能够显著增强创业网络资源多样性。首先，高管团队对外任职可以扩大企业的社会资本。高管通过对外任职建立的联系和网络可以为企业带来新的资源和信息渠道。社会资本理论强调，这种资本的积累对于企业获取关键资源和信息至关重要。而且对外任职的高管通常能够接触到他们原有社会网络以外的资源和信息。这意味着企业能够通过高管的外部职位接触到更多样化和互补性的资源，如不同行业的知识、技术或市场机会。其次，通过高管对外任职建立的关系，可使企业的网络结构变得更加复杂和多元化。网络理论指出，网络结构的多元化有助于提高企业适应环境变化的能力，并增加资源获取的机会。最后，高管团队的对外任职有助于促进信息流通和知识共享。他们能够将从外部网络获得的新知识和信息带回企业，从而促进企业内部创新和决策制定的质量。同时，高管对外任职还可以增强企业与其他组织之间的信任。这种信任是建立长期合作关系的基础，可以为企业带来更多合作和联盟的机会。

4.3.3 高管团队对外任职对创业网络功能多样性的影响

根据对高管团队对外任职的分组，我们发现样本创业企业的创业网络功能多样性呈现出显著差异（$F = 2.54$，$p = 0.016$）。即高管团队对外任职多的企业其创业网络功能多样性较强，而高管团队对外任职较少的企业其创业网络功能多样性较弱。从数据结果来看，高管团队高对外任职组的创业网络功能多样性的平均强度为 0.5031，高于高管团队对外任职一般组的 0.4762 和高管团队对外任职低组的 0.4671，如图 4 - 9 所示。

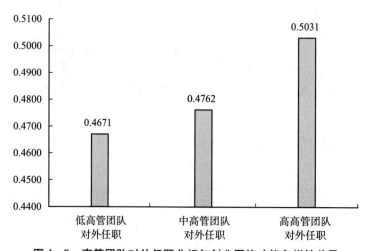

图 4 - 9　高管团队对外任职分组与创业网络功能多样性差异

　　从这一结果可以看出，高管团队对外任职能够显著增强创业网络资源多样性。首先，资源依赖理论指出，组织为了生存和成功，需要获取并管理外部资源。高管团队对外任职可以为企业提供获取关键外部资源的渠道，尤其是在那些企业自身可能无法直接访问的领域。由于高管对外任职使企业接触到更广泛的资源和能力，因此这种外部资源的获取有助于提升创业网络中的功能多样性。其次，高管团队的对外任职促进了知识和经验的交流。通过与不同组织和行业的交互，高管可以获得新的见解和知识，这些可以帮助企业在创业网络中更有效地定位并寻找合适的资源。而知识和经验的转移不仅丰富了企业的内部资源，还提高了其在创业网络中的作用，增加了网络功能的多样性。最后，高管团队的外部职务可以促进新的商业关系的建立，这些关系可能会转化为战略联盟、合作伙伴关系或客户关系。这种关系的建立有助于拓宽企业的创业网络，并增加网络中可利用的资源种类。因此，对外任职所建立的网络关系可以显著增强企业在网络中的地位和影响力，从而提高其获取创业网络多样化功能的能力。

第5章　从董事会的角度建立对联盟网络的微观基础解释

　　联盟网络已成为企业发展所需的关键支持要素。创业企业面临资源匮乏的窘境，它们需要建构连接关键资源的渠道，而联盟网络是资源渠道的重要来源。企业联盟网络是在相互信任、互惠合作和资源互补的基础上，为参与者提供更广泛的市场影响力和更高效的资源利用机会。在联盟网络中，参与的企业之间通过合作、共享资源和信息，以实现共同的商业目标。这种合作关系可以包括战略联盟、合资企业、供应链伙伴关系等形式，旨在提高参与企业的竞争力、创新能力，并在市场中更好地适应和应对变化。联盟网络在很大程度上依赖于企业的董事会。董事会成员的个人属性和集体行为对于创业企业如何扩大联盟网络规模以及实现创业网络资源多样化和创业功能多样化具有一定的影响。

　　董事会是公司的最高决策机构，董事会及其成员在创业企业发展过程中扮演着关键角色。董事会的规模、持股比例以及董事会成员的先前工作经验（包括行业经验和职能经验）以及任职情况等因素共同影响着企业联盟网络。以董事会成员为例，拥有丰富工作经验的董事会成员通过在不同行业领域和职位的工作来获取广泛的人际网络和扎实的业务能力。这种人际关系的丰富性为企业搭建了更加成熟稳定的联盟网络，为企业提供更多的创业网络资源，包括达成合作、提升合作伙伴关系或扩大业务范围等。社会资本理论强调了社会关系对于资源获取的重要性。董事会成员通过他们在行业、商业圈、投资者和其他企业领导者中的社会关系网络来获取行业信息、投资及合作，这有利于企业构建稳固的联盟网络并扩大其边界。此外，基于监督和决策职能考虑，董事会的业务能力对企业联盟网络的长期发展同样具有重要影响。资源依赖理论进一步拓展了我们对董事会影响的理解，董事会作为一个资源获取和管理的机制，其成员往往具备过硬的专业能力和商业洞察力，因此董事可能会在不同行业担任高层管理职务，参与过跨领域的项目，使得其具有高质量的社会网络，这有助于扩大企业联盟网络规模，帮助企业获取关键信息、人才、融资等创业网络资源，从而获得更多的创业机会，降低企业外部风险的不确定性。此外，董事会的多元化，比如不同行业、专业领域、性别、经验和文化背景的多样性，使得企业能够获取更加广泛且多元化的创业网络资源，实现创业网络功能多样化，这能够帮助创业公司抵御外部环境的不确定性，提高其创新能力，加速产品或服务的市场推广，以及增强企业的竞争力。

基于上述学术判断，我们认为董事会作为公司治理的核心机构，其结构上的差异，如董事会规模、董事会持股比例等，意味着他们在团队层面具有不同扩大联盟网络规模的能力。并且，董事会成员不同禀赋，例如，先前工作经验、对外任职等，能够使个体形成多样化关系链的社会网络，这有助于企业借助董事会成员的社会关系网络搭建"弱连接"，从而促进了企业联盟网络规模的扩张并实现创业网络资源和功能的多样化。

5.1　董事会规模与联盟网络

董事会是公司治理内部机制的核心（于东智和池国华，2004；宋增基等，2009），董事会规模对董事会治理功能的发挥至关重要，是公司治理相关研究不可忽视的问题。组织的增长并非无目的，规模的扩大促进组织目标或组织某些成员目标的实现。支持更大董事会规模的文献多根据资源依赖理论，认为董事会是组织与外部环境连接的渠道，能够获取包括信息、声誉、合法性等在内的资源。因此董事会规模越大，董事会越有优势获取关键资源履行职责，成员之间专业知识、信息渠道、外部资源充分有效互补，既提高群体决策科学性与民主性，同时也有利于监督职能的发挥，更好地监督与制衡大股东侵占行为。董事会规模扩大，使得代表多方利益的成员得以进入董事会，可能发展出更多的派系或联盟。在各方利益协调与相互作用下，控制董事会形成共识更加困难（Goodstein et al.，1994；徐二明等，2000）。不同利益相关方参与、相互制约，董事会成员选择监督、制衡而非依附大股东的能力及动机更为充分，由此董事会规模扩大增加了对大股东的权力制衡，有利于董事会监督职能的发挥，更好地制约大股东对董事会的控制，降低大股东资金占用。

但随着董事会规模的增大，董事会的凝聚力会下降，成员松散，协调带来的效率损失抵减了规模扩大带来的增益，并容易导致组织利益混杂、行动迟缓等问题，"搭便车"现象更是普遍存在于大规模董事会中。董事会规模过大，董事会成员更易形成"搭便车"的惯性，导致董事会成员对大股东倾向于依附而非监督，无法抑制大股东资金占用。当董事会规模超过某个阈值后，增加一位董事将会出现边际成本递增的情况，董事会规模的扩大，导致协调与过程效率损失、决策迟缓、缺乏行动导向易受大股东控制、"搭便车"等问题。

联盟网络是企业社会资本的重要载体，可分为内部和外部两个维度。前者是指企业内部员工之间形成的关系网络，后者是指企业与外部组织或个体之间形成的关系网络。知识管理能力是企业通过不断重构组织内外部的知识探索、知识保留及知识利用三种活动，动态管理知识库的能力，可分为内部和外部知识管理能力两个层面。前者反映了企业对内部知识的管理能力，包括知识创造、知识转化和知识创新能力；后者反映了企业对外部知识的管理能力，包括知识吸收、知识连接和知识解析能力。理论上讲，董事会规模的扩大可以增加董事会成员的异质性（Ahuja，2000），不同专业背景的董事促进企业内部知识的交换与分享，组织内部网络关系间沟通越频繁，知识的获取、转移就越快，推动知识的创造，提升企业对内部知识的管理能力，并且董事会成员背景的异质性增加了企业对外交流的机会，与网络中成员的联系更密切，吸收外部新知识的能力更高，从而对联盟网络构建有着正向影响，但董事会规模是否越大越好，其成员数量是否存在阈值，值得进一步讨论。

5.1.1 董事会规模对联盟网络规模的影响

为满足开放创新的要求，企业会积极寻求外部合作伙伴，建立联盟。联盟是由正式契约治理的组织间合作关系，涉及资源和知识的交换、组织承诺及共同开发等行为。企业联盟伙伴间亦会结成联盟关系，这些不同的组织及彼此之间的联盟关系构成了联盟网络。理论上讲，董事会规模越大，董事异质性的比例越高。

从本数据库关于董事会规模的数据分布来看，创业板上市企业董事会的平均规模为 9.21，根据董事会的人数规模，我们将企业样本划分为以下三组：第一组为小规模董事会组，董事会人数在 7 人及以下（包含 7 人），占比 21.4%；第二组为中等规模董事会组，董事会人数为 8~10 人，占比 57.29%；第三组为大规模董事会组，董事会人数为 11 人以上（包含 11 人），占比 21.31%。

根据董事会规模的分组，我们发现样本创业企业所构建的联盟网络规模呈现出显著差异（$F = 5.232$，$p = 0.005$）。数据显示，大规模董事会组企业所构建的联盟网络平均规模值为 3.72，高于中等规模董事会组的 2.95 和小规模董事会组的 2.00，如图 5-1 所示。说明企业董事会规模和联盟网络规模正相关，董事会规模较小的企业则在扩大联盟网络规模上存在局限。

这一结果可以看出，董事会规模扩大可以丰富董事会成员背景并拓宽企业社交资源，而资源依赖理论认为企业的发展依赖于董事对于获取信息、财物等资源的获取能力。董事会规模越大，联盟网络规模越大，大型的董事会通常拥有更多的董事，这些董事可能来自不同的行业、地区和背景，因此他们更有可能在各自的领域和行业中建立广泛的合作关系。这些董事的资源和关系网络可以为企业带来更多的合作机会，从而扩大联盟网络的规模。董事会规模越小，联盟网络规模可能越小，相比之下，小型董事会的董事数量较少，这可能导致他们在建立合作关系时面临更大的挑战。由于资源有限，小型董事会可能难以找到合适的合作伙伴或难以扩大合作关系网络，因此联盟网络的规模可能会相对较小。

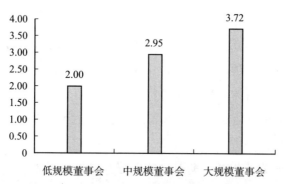

图 5-1　董事会规模分组与联盟网络规模差异

除此之外，董事会规模的扩大对联盟网络发展有正向积极的影响，而联盟网络的发展又从以下几个方面对企业产生回馈：联盟网络为企业提供了更广泛的资源共享平台，降低了企业成本。企业可以通过加入联盟网络，与更多的合作伙伴共享资源，包括人力、物力、财力等，有助于降低企业的生产成本，提高资源利用效率，并扩大企业的生产规模；联盟网络规模的扩大为企业提供了知识技术创新和提升的机会。在联盟网络中，企业可以与合作伙伴共同进行技术创新和研发，分享知识和经验，从而提升自身的技术水平和创新能力；联盟网络规模扩大同样为企业提供了更广阔的市场机会。通过与联盟伙伴的合作，企业可以进入新的市场领域，扩大市场份额，提高品牌知名度和影响力；联盟网络规模扩大还为企业提供了战略合作和发展机会。企业可以通过与联盟伙伴的合作，实现战略协同和共赢，提升整体竞争力。

综上所述，董事会规模的扩大，能够对联盟网络发展产生多方面正向影响，而联盟网络的发展同样对企业产生积极的回馈，使得企业降低信息流通成本，加快企业创新，提高市场占有率，从而增加企业价值。

5.1.2 董事会规模对创业网络资源多样性的影响

创业网络资源多样性是指在企业创立和发展的过程中，从外部获取和整合不同类型资源的数量和种类。这些资源包括但不限于人力、物力、财力、信息、技术等，可以为创业企业提供竞争优势和可持续发展的机会。多样性的创业网络资源可以整合和获取不同类型的资源，提高企业创业成功率，促进企业升级与创新并降低企业创业风险，对企业创业活动具有重要意义。而影响创业网络资源多样性的因素有很多，董事会规模能否对创业网络资源多样性产生影响？董事会规模越大是否对创业网络资源多样性的影响越强？

根据董事会规模的分组，我们发现样本创业企业的创业网络资源多样性存在呈现出显著差异（$F = 1.17$，$p = 0.065$）。从数据结果来看，大规模董事会组企业创业网络资源多样性的平均强度为 0.4852，高于中等规模董事会组的 0.4778 和小规模董事会组的 0.4617，如图 5 - 2 所示。说明董事会规模较大的企业其创业网络资源多样性更强，而董事会规模较小的企业的创业网络资源多样性较弱。

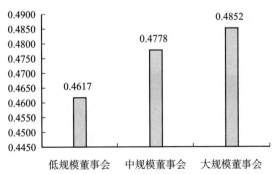

图 5 - 2　董事会规模分组与创业网络资源多样性差异

这一结果可以看出，首先，董事会规模越大，意味着董事会的背景和经验越多样化，这有助于企业在创业初期就拥有更为广泛的视野和资源。大型董事会能够提供更多不同领域的专业知识和经验，为企业在创业过程中提供更多元化的建议和支持，从而帮助企业获取更多样化的资源。其次，大型董事会通常拥有更多的社会网络和人际关系，这有助于企业扩大社交圈子，与更多的合作伙伴建立联系。这些合作伙伴可以为企业提供不同类型的资源，如人力资源、技术资源、市场资源等，从而丰富企业的资源储备。除此之外，董事会规模对创业网络资源多样性的影响还受到其他因素的影响。例如，企业的战略目标、文化背景、行业特点等都可能对董事会的决策产生影响，进而影响企业获取资源的种类和数量。

在联盟网络理论中，联盟网络是指以焦点企业为中心，所有与其具有联盟关系的企业的集合。构建联盟网络有助于企业获取互补性资源、提升组织学习能力、应对环境不确定性，因而成为企业成长中的重要战略选择。联盟网络的关系嵌入性指焦点企业与其网络成员之间建立的联盟的关系特征，网络关系强度是衡量联盟网络关系嵌入性的重要指标。焦点企业与其联盟网络成员之间缔结的联盟时间越长、彼此承诺程度越高、相互信任性越强，则联盟网络关系强度越大。而董事会规模的扩大不仅使得董事会成员背景的异质性比例增大，与其他网络成员之间联系更为密切，而且使得企业作出的决策更加民主，降低了企业的决策风险，从而提升企业价值。此外，董事会规模有助于企业巩固联盟网络中自己的地位，从而吸引更多的企业加入联盟网络中，因此对于联盟网络资源多样性产生积极正向的影响。

综上所述，董事会规模的扩大，能够在企业的决策和联盟网络建设中发挥多方面的正向效应。通过董事会成员的增加，企业能更好地进行民主决策，促进技术创新，巩固企业在自身行业中的地位，吸引其他组织与其合作，从而加强网络资源多样性，形成良性循环，在激烈的市场竞争中掌握主动权。

5.1.3 董事会规模对创业网络功能多样性的影响

基于资源依赖理论，董事会成员是重要的企业内部资源供给者，其规模的扩大有助于内部资源多样性的实现，从而进一步提升创业网络功能多样性。规模较大的董事会拥有更加丰富的异质性职业背景的董事会成员，意味着社会资本更加雄厚，是获取多样化信息与资源的桥梁，但臃肿效应认为更大的董事会规模意味着更大的协调难度。董事会规模是否越大越好，还是存在一定的最优区间，值得进一步研究。

根据董事会规模的分组，发现样本创业企业的创业网络功能多样性呈现出显著差异（$F = 1.25$，$p = 0.02$）。这代表董事会规模较大的企业其创业网络功能多样性更强，而董事会规模较小的企业的创业网络功能多样性较弱。从数据结果来看，大规模董事会组企业创业网络功能多样性的平均强度为 0.4857，高于中等规模董事会组的 0.4785 和小规模董事会组的 0.4597，如图 5 - 3 所示。

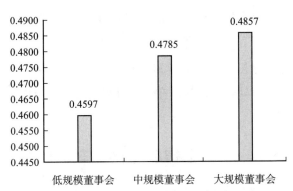

图 5 - 3　董事会规模分组与创业网络功能多样性差异

这一结果可以看出，大规模董事会更能充分实现资源多样性。创业网络的功能多样性主要描述了创业者所构建和维护的网络在提供多种支持功能方面的丰富性，包括资金援助、信息与知识分享、技术帮助、商业指导以及人脉扩展等关键领域。而董事会规模的扩大，不仅带来了更为丰富的资本投入，同时由于董事会成员的异质性，董事会中拥有更多元化职业背景的董事，能够帮助建立行业知识、市场信息、竞争情报或者管理知识的网络结构并利用自身多元专业背景协助解决技术难题并提供研发支持，除此之外，董事会规模的扩大还能提供更广泛的社会网络接入点，对创业网络功能多样性产生正向影响。

联盟网络功能可以从网络结构的角度讨论，网络结构可以用规模、中心度、强度等进行衡量。其中，规模和中心度分别是用直接联结和间接联结来衡量网络的质量，明确创业者或创业团队通过联结获取（或控制）资源的能力。网络的强度则关注强联结和弱联结，是从互动的频率以及紧密度对网络中关系进行的衡量。董事会规模的扩大增加了企业与外部社会网络的接触机会，扩大了企业创业网络规模，增加了企业对外互动的频率，从而提升创业网络强度，并且在资源约束理论的视角下，董事会规模的扩大丰富了企业内部资源的多样性。企业在未来计划扩大创业规模，董事会成员背景定会被优先考虑，董事会规模所带来的内部资源必然会在一定程度上被利用。

综上所述，董事会规模的扩大能够对创业网络功能多样性发挥正向影响，通过董事会成员异质性所带来的内部资源多样性，通过提供知识与信息、技术支持、人脉拓展等方面丰富了创业网络功能多样性，降低信息流通成本，促进企业对外合作，从而在创业过程中发挥积极作用。

5.2 董事会持股比例与联盟网络

董事会作为企业内部连接股东与管理层的纽带，是公司治理的重要一环。代理理论强调董事会的重要性有：一方面，董事会可以提供多角度、多领域的建议，协助管理层规划和执行公司发展战略；另一方面，董事会作为公司与外界环境连接的桥梁，能够凭借其声誉帮助公司获得必要的资源（Daily & Dalton，1993）。同时，董事会的股权激励会使得其更有动机利用自己的资源。董事持股促使董事个人利益与股东利益趋于一致，激发了董事的工作积极性，可以更好地对股东负责。董事股权激励对其在董事会扮演的战略角色影响主要表现在两个方面：从董事与股东的关系角度讲，董事持股比例越高，与股东的利益越一致，越有利于降低其与股东的利益冲突，从而降低了冲突成本，使公司的运营管理更规范合理；从董事自身角度讲，当董事持有一定股权时，董事具有较强的动机利用自身资源从外部环境获取稀缺的、有价值的资源为企业服务，同时更有动机为企业的战略决策提供建议，保证企业战略顺利实施（郑丽和陈志军，2018）。

联盟网络作为企业社会资本的主要表现形式，体现了企业在内外部之间建立紧密关系的战略智慧。内部员工关系和外部组织关系两个维度构成了企业的社会网络，这不仅仅是人际关系的交汇，更是资源、信息和创新的交流之地。这种紧密连接的网络有助于企业形成更强大的整体力量，实现共同目标。企业的知识管理能力被视为推动创新和竞争力的核心引擎。在内部知识管理方面，企业需要培养内部团队的创造、转化和创新能力。这意味着要建立一种鼓励创新思维的企业文化，推动员工分享、转化和不断创新。同时，外部知识管理则强调企业对外部信息和技术的灵活运用。企业应具备吸收、连接和解析外部知识的能力，以迅速适应变化的市场环境，提高对外部创新的敏感度。联盟网络的建立为企业提供了灵活的资源支持，而知识管理的内外结合则有助于企业在不断变化的市场中保持竞争优势。企业领导者需要不断优化社会网络，激发内部创新动力，并灵活运用外部知识，以应对变革与挑战，实现可持续的组织发展。

资源依赖理论认为企业为了降低不确定性和获取必要资源，需要依赖外部资源和合作伙伴。持股比例较小的企业，由于持股比例不足以单独主导市场或行业，更需要借助外部合作伙伴来获取资源和稳固地位。因此，这些企业更倾向于构建广泛的联盟网络，以便从不同合作伙伴处获取多样化的资源，降低对某一资源的依赖程度。关系网络理论指出社会关系和网络对企业的成功至关重要。持股比例较小的企业通常更愿意与多方合作，这有利于建立更广泛而深入的合作伙伴关系。这种多样性的合作关系为企业提供了更广阔的信息来源、更多元的市场机会和更强的适应能力。相反，持股比例较大的企业可能因为掌握着更多的市场话语权，更倾向于与少数持股结构相似的企业进行合作，而不是拓展广泛的合作网络。综上所述，资源依赖理论和关系网络理论都支持了持股比例较小的企业更容易构建规模较大的联盟网络的观点。这些理论强调了企业对外部资源和合作伙伴的依赖性，以及多样化的合作关系对企业的重要性。持股比例较小的企业更愿意通过广泛的联盟网络获取多样化资源和市场机会，而持股比例较大的企业可能因为更强的市场掌控力而在选择合作伙伴时更为保守和局限。

5.2.1 董事会持股比例对联盟网络规模的影响

董事会持股比例在一定程度上反映了公司内部权力结构的稳定性和决策层面的合作程度。若董事会成员持股比例较高，可能意味着权力分布较为均衡，决策更趋向于共识。这种情况下，联盟网络的规模可能更倾向于扩大，因为决策制定相对更为高效，公司更愿意与其他实体合作，以促进创新和资源共享。董事会持股比例也直接关系到公司的治理结构和战略决策。若少数董事或大股东拥有较高的持股比例，可能导致决策偏向特定利益，抑制了公司拓展联盟网络的愿望或可能出现合作偏好。这可能会限制公司与其他实体建立更广泛的合作关系，从而影响联盟网络的规模和范围。

从本数据库关于董事会持股比例的数据分布来看，创业板上市企业董事会的持股比例平均为32.73%，根据董事会的持股比例，将企业样本划分为以下三组：第一组为低董事会持股比例组，董事会持股比例在34.59%及以下，占比54.15%；第二组为中等董事会持股比例组，董事会持股比例为34.60%~62.56%，占比40.78%；第三组为高董事会持股比例组，董事会持股比例在62.57%及以上，占比5.07%。

根据董事会持股比例的分组，我们发现样本创业企业所构建的联盟网络规模呈现出显著差异（$F = 3.153$，$p = 0.043$）。从数据结果来看，低董事会持股比例组企业所构建的联盟网络平均规模值为3.4052，高于中等董事会持股比例组的2.4292和高董事会持股比例组的1.7699，如图5-4所示。这意味着，董事会持股比例较小的企业更可能构建规模较大的联盟网络，而董事会持股比例较大的企业则在扩大联盟网络规模上存在局限。

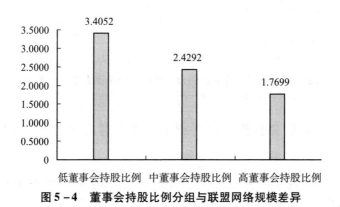

图5-4　董事会持股比例分组与联盟网络规模差异

5.2.2　董事会持股比例对创业网络资源多样性的影响

董事会成员持股比例的增加可能导致其更加专注于企业内部事务，减少外部董事职位的担任。这可能限制了企业获取外部信息和资源的能力，从而降低了创业网络资源的多样性。较低的董事会持股比例可能会鼓励董事寻求外部机会，增加外部任职，从而为企业带来更广泛的资源和信息，促进创业网络资源的多样性。

根据董事会持股比例的分组发现样本创业企业的创业网络资源多样性呈现出显著差异（$F=6.300$，$p=0.002$）。即董事会持股比例较小的企业其创业网络资源多样性更强，而董事会持股比例较大的企业的创业网络资源多样性较弱。从数据结果来看，低董事会持股比例组创业网络功能多样性平均强度值为0.3404，高于中等董事会持股比例组的0.3228和高董事会持股比例组的0.2926，如图5-5所示。

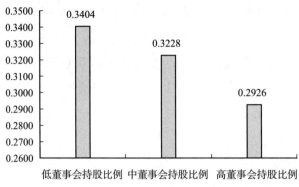

图 5 - 5　董事会持股比例分组与创业网络资源多样性差异

5.2.3　董事会持股比例对创业网络功能多样性的影响

较高的董事会持股比例可能导致董事们更加专注于企业内部事务，致力于实现股东利益最大化。这种情况下，董事会成员可能在企业内部资源整合和优化上投入更多精力，但相对缺乏对外部创业网络的参与。因此，这可能限制了企业获取外部创新和资源的能力，降低了创业网络功能多样性。较低的董事会持股比例可能鼓励董事们更多地寻求外部合作，这种情况下，董事会成员可能更倾向于开拓外部资源、信息和合作伙伴，推动创业网络的多样化。通过引入新的理念、技术或资源，促进企业创新和发展，从而增强创业网络的功能多样性。

根据董事会持股比例的分组，我们发现样本创业企业的创业网络功能多样性呈现出显著差异（$F = 11.550$，$p = 0.000$）。即董事会持股比例较小的企业其创业网络功能多样性更强，而董事会持股比例较大的企业则相反。从数据结果来看，低董事会持股比例组创业网络功能多样性平均强度值为0.3718，高于中等董事会持股比例组的0.2696和高董事会持股比例组的0.2523，如图5 - 6所示。

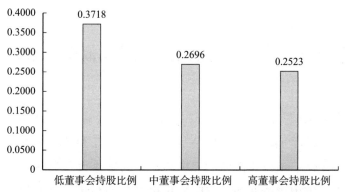

图 5 - 6　董事会持股比例分组与创业网络功能多样性差异

这一结果可以看出，首先，董事会持股比例较小的企业更倾向于开放性合作。因为董事会持股比例较小的企业，其董事会往往无法单独主导企业的决策，因此更愿意与其他企业或机构进行合作以获取更多资源和机会。这种开放性使得他们更愿意拓展广泛的联盟网络，与多方合作伙伴展开合作，从而在市场中扩展影响力。其次，董事会持股比例较小的企业更加灵活。这种灵活性使得他们更能够适应市场变化并快速调整战略。他们愿意与不同背景、不同持股结构的企业进行合作，因为他们更加看重各方潜在的贡献和价值，而不仅仅是持股比例。这种灵活性有助于他们建立更大规模的联盟网络。然而，对于持股比例较大的企业来说，在扩大联盟网络规模上可能存在一些限制。这些企业可能更倾向于控制权和主导地位，因为他们拥有更大的持股比例，希望在合作中保持更大的话语权和影响力。这可能导致他们在选择合作伙伴时更为谨慎，更倾向于与少数几个拥有相近持股结构的企业展开合作，而不是拓展广泛的联盟网络。

综上所述，董事会持股比例较小的企业通常更能够构建规模较大的联盟网络，因为他们更开放、更灵活，更愿意与多方合作；相反，董事会持股比例较大的企业可能在扩大联盟网络规模上受到一定的局限，因为他们更倾向于保持控制权和与相似持股结构的企业合作。

5.3 董事会先前工作经验与联盟网络

董事会成员的先前工作经验在很大程度上会影响创业企业的联盟网络。随着工作经验的增加，个体有机会承担更多的责任和领导角色。通过学习积累、领导团队、项目或部门的经验，个体的领导力和管理能力得到锻炼和提高，业务能力逐渐增强，有助于作出正确的公司决策。此外，他们还可能在过去的职业生涯中建立了广泛的业界联系，包括其他企业领导、投资者、行业专家等。这不仅可以为公司提供战略性的合作伙伴关系，而且更容易使公司获得融资渠道和市场机会等关键资源。先前工作经验中所蕴含的知识和资源是企业董事会成员行使董事职责时所需要的重要资产，这些资产一方面塑造了其认知模式，另一方面也为其提供着桥接其他外部资源的桥梁。根据人力资本理论和社会资本理论，员工通过不断提升个人能力，使得公司内部拥有更具创造力和竞争力的团队。同时，通过建立和维护积极的社会网络，员工能够更好地获取外部资源和信息，为公司创造更多机会和合作可能性。因此，由董事会成员先前工作经验所积累的知识和资源对创业公司的影响可以通过联盟网络这一具体指标加以呈现。董事会成员先前工作经验维度所形成的联盟网络，意指董事会成员曾经所积累的知识和战略性社交资本为企业搭建的由多个企业构成的战略性合作关系的复杂网络结构。已有研究发现董事会成员先前工作经验会对其个人业务能力和社会关系网络产生重要影响进而影响企业联盟网络。具体体现为董事会成员社会关系网络的广泛程度和个人能力的强弱，先前工作经验越多则董事会成员社会关系网络越广，个人能力越强，有助于作出企业联盟网络相关的战略性决策，从而扩大企业联盟网络并提升其功能性和稳定性，反之则对企业联盟网络产生负向影响。在先前工作经验的具体测算方面，本书利用董事会平均曾任职单位数和董事会曾任多样性两个维度对董事会先前工作经验进行考量，考察董事会先前工作经验对联盟网络的影响。

从本数据库关于董事会平均曾任职单位数的数据分布来看，创业板上市企业董事会成员曾任职单位数为 1.7757，根据董事会平均曾任职单位数将企业样本划分为三组：第一组为低董事会平均曾任职单位数组，董事会平均曾任职单位数在 1.22 及以下，占比 29.35%；第二组为中等董事会平均曾任职单位数组，董事会平均曾任职单位数为 1.23 ~ 2.31，占比 44.43%；第三组为高董事会平均曾任职单位数组，董事会平均曾任职单位数在 2.32 及以上，占比 26.22%。

从本数据库关于董事会曾任多样性的数据分布来看，创业板上市企业董事会曾任多样性平均为 32.73%，根据董事会曾任多样性将企业样本划分为三组：第一组为低董事会曾任多样性组，董事会曾任多样性在 0.671 及以下，占比 30.13%；第二组为中等董事会曾任多样性组，董事会曾任多样性为 0.672 ~ 0.771 之间，占比 35.22%；第三组为高董事会曾任多样性组，董事会平曾任多样性在 0.772 及以上，占比 34.65%。

5.3.1 先前工作经验对联盟网络规模的影响

根据经验曲线理论（experience curve theory），工作经验越丰富的个体能力越强。在这一理论框架下，董事在不同单位工作的次数越多意味着他们在不同行业中的经验丰富度越高，曾任多样性越强也可能意味着该董事具备更广泛的行业经验和职能经验，这同样代表了董事较强的业务能力和社交能力。具体表现为，董事会成员在不同行业和工作岗位的工作经验使得他们具有新的思考方式和创新观点，这种创新能力对联盟网络规模的扩大和长期发展至关重要。此外，在不同工作单位任职的工作经验不仅赋予个体以工作经历，更为个体积累了社会关系，塑造了个体可调用的社会资本，有助于扩大联盟网络规模。因此，董事会成员作为企业领导的核心决策者，其先前工作经验对联盟网络具有至关重要的影响，其影响路径可以归纳为两个方面：个人业务能力和社会关系网络。从个体能力的角度来看，董事会成员在不同工作单位的工作经历及其曾任多样性使得其具备强大的资源整合能力和创新能力，为企业带来了深刻的战略视角。他们通过了解行业动态、市场趋势和竞争格局，能够为联盟网络提供战略指导，并整合不同行业的资源为联盟网络提供全面且多元化的资源支持，这有利于网络规模的扩大。此外，具有广泛行业经验的董事会成员能够更好地理解联盟中各方的战略目标，从而能够作出正确的联盟决策，在联盟网络关系中实现更加协同的战略配合，以提升联盟网络的稳定性和竞争力，扩大联盟网络边界。而从董事会成员社会关系网络的角度来看，董事会成员通常会在过往工作单位中担任高级管理人员，他们通过先前在不同行业的工作经历搭建了高质量社会关系网络，包括同行业的同事、业内专家，以及其他合作伙伴等，涵盖业界、政府、学术界等多个领域。作为关键决策者，他们在业务中的社会影响力能够直接反映在企业的社会网络中，他们可以借助个人关系引入新客户、建立业务合作伙伴关系，有助于企业更好地融入行业生态系统，吸引更多业内重要参与者，进一步拓展企业联盟网络边界。

根据董事会平均曾任职单位数的分组，我们发现焦点企业所构建联盟网络规模有显著差异（$F = 3.214$，$p = 0.002$）。也就是说，董事会平均曾任职单位数和联盟网络规模成正比。数据结果证实，高董事会平均曾任职单位数组的联盟网络规模平均为 4.4631，中等董事会平均曾任职单位数组为 4.2677，而低董事会平均曾任职单位数组仅为 4.0956，如图 5 - 7 所示。

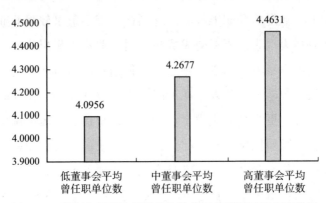

图 5 - 7　董事会平均曾任职单位数分组与联盟网络规模差异

根据董事会曾任多样性的分组,我们发现样本创业企业所构建联盟网络规模呈现出显著差异($F = 3.417$,$p = 0.033$),即董事会曾任多样性较强的企业更可能构建规模较大的联盟网络,而董事会曾任多样性较弱的企业在扩大联盟网络规模上存在局限。进一步通过数据结果来看,高董事会曾任多样性组企业的联盟网络规模平均为 4.8228,高于中等董事会曾任多样性组的 4.3197 和低董事会曾任多样性组的 3.7399,如图 5 - 8 所示。

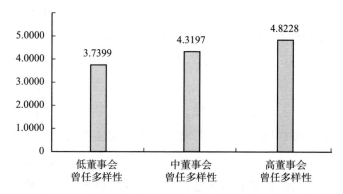

图 5 - 8 董事会曾任多样性分组与联盟网络规模差异

这一结果可以看出,无论是从董事会成员先前曾任职单位数来看,还是从其曾任多样性来看,结果均表明董事会成员先前工作经验对联盟网络规模具有正向影响。因此,可以推测一方面创业企业董事会成员先前工作经历所积累形成的高质量社会网络优势和较强的业务能力对企业联盟网络的扩张具有一定的正向影响;另一方面创业企业在吸纳董事会成员的时候更看重其先前工作经验,使得先前工作经验更丰富的成员进入董事会。

5.3.2 先前工作经验对创业网络资源多样化的影响

创业网络资源多样化意指创业企业在其发展过程中,董事会成员通过先前工作经验所建立的人际关系或组织联系所能够接触和动用的各种不同类型资源的丰富程度。这种多样性的资源通常包括但不限于信息知识、技能、资金、技术以及市场机会等。根据关系资源理论，董事的社会网络对创业企业资源获取和成长密切相关。企业董事的关系资源，如与业界领袖、政府机构、供应商和客户的关系，扩大了信息的广度和多样性，对企业的商业机会、政策影响和市场准入等方面都具有重要价值。在这一理论框架下，董事会成员通过长期在不同行业领域和职位的从业经验建立起的广泛的人脉和关系网络能够为公司提供多样化的创业网络资源，包括董事与同行、业内专业人士、政府官员、供应商、客户等多方面的联系。董事先前工作经验对公司创业网络资源多样化的影响可以归纳为三个方面，分别为：业务机会的多样性、信息来源的多样性和合作伙伴关系的多样性。第一，行业经验丰富的董事会成员能够识别并把握多样性的业务机会，通过他们在行业内的联系，公司更容易接触到来自不同领域的商业机遇，从而丰富创业网络机会的多样性。第二，行业经验丰富的董事会成员，能够获取不同领域的知识和信息，他们的社会网络包含了多元的信息来源，为公司提供了更全面的市场洞察和战略信息，促使公司更好地适应多样性的商业环境，从而丰富创业网络信息来源的多样性。第三，行业经验丰富的董事会成员能够促成公司与来自不同行业和领域的合作伙伴建立联系。这种跨领域的合作伙伴关系有助于拓展公司的业务范围，增强创业网络合作伙伴关系的多样化。此外，董事会成员一般在先前工作单位具有较高地位，且具备高质量的社会网络，这对吸引多元化背景和经验的人才更具优势。通过他们在社会网络中的联系，企业能够吸引来自不同领域、具有不同专业知识和技能的人才，从而进一步扩大企业联盟网络并提高创业网络资源的多样性，这有助于企业降低特定行业或市场的风险，增加整体稳定性。

根据对董事会成员的曾任职单位数的分组分析，我们观察到样本创业企业在创业网络资源的多样性上存在显著差异（$F = 2.920$，$p = 0.033$）。这表明，董事会成员平均曾任职位较多的公司，其创业网络资源的多样性较为丰富；相反，董事会成员平均曾任职位较少的公司，在创业网络资源的多样性上则显得较为单一。具体而言，具有较高董事会成员平均曾任职单位数的公司，在创业网络资源多样性的强度上达到了 0.4349，这一数值显著高于中等水平董事会成员平均曾任职单位数量组的 0.3339 和低水平董事会成员平均曾任职单位数量组的 0.2828，如图 5 - 9 所示。

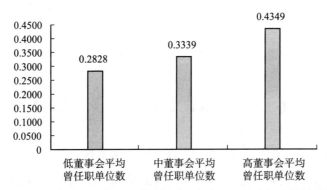

图 5 - 9 董事会平均曾任职单位数分组与创业网络资源多样性差异

根据董事会曾任多样性的分组，我们发现焦点企业创业网络资源多样性呈现出显著差异（$F = 3.536$，$p = 0.029$）。这意味着，董事会曾任多样性较强的企业其创业网络资源多样性更强，而董事会曾任多样性较弱的企业的创业网络资源多样性较弱。从数据结果来看，高董事会曾任多样性组企业的创业网络资源多样性强度为 0.3539，高于中等董事会曾任多样性组的 0.3279 和低董事会曾任多样性组的 0.2974，如图 5 - 10 所示。

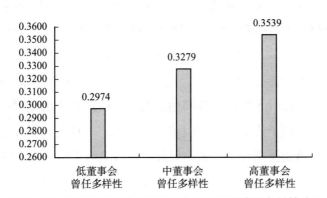

图 5 - 10 董事会曾任多样性分组与创业网络资源多样性差异

上述数据结果表明，无论是从董事会成员先前曾任职单位数来看，还是从其曾任多样性来看，董事会成员先前工作经验对企业创业网络资源多样化均具有正向影响。这意味着董事会成员经由丰富的工作单位经历能够使得其个人的社会网络更为成熟，利用社交网络所获得的业务机会、信息渠道以及合作伙伴更加多样化，这也意味着其个人的资源与声誉价值的提升，这有利于推动企业创业网络资源提升多样性并实现企业成长。

5.3.3　先前工作经验对创业网络功能多样化的影响

创业网络功能多样化强调了联盟网络的多维度性质，它不仅仅是一种关系的集合，还能够满足个体在不同方面的需求，为其提供丰富的资源和机会，表现出各种关系的不同功能。根据弱连接理论（weak ties theory），弱连接（指与个体社交圈外的联系）可以连接不同社交圈的个体，从而使得信息能够跨越不同的社会群体传递，扩大了信息的广度和功能多样性。在弱连接理论的框架下，董事会作为社会网络的关键节点，通过其弱连接的影响，可以提升企业创业网络功能的多样性，为企业的发展创造更有利的条件。因此，董事会成员先前行业经验对企业创业网络功能的影响可以归纳为以下三个方面：第一，从创业网络参与者角度来看，董事通过与不同社交圈的人建立联系，有助于引入多元化的人才。例如，董事会成员可能在其社会网络中有朋友、同事、导师、业务合作伙伴等，这种"弱连接"可以为企业提供更广泛的支持、信息和资源，使公司更容易适应变化，满足多样化的需求，提高整体的韧性。且多样化的团队能够带来不同的技能、经验和视角，能够引入新的思维和创新观念，促进企业创业网络功能的多样化。如果企业过于依赖某一个领域或社交圈，一旦该领域发生变化或出现问题，企业可能受到较大冲击。因此，通过董事会成员的个人社交网络建立起企业的多元化的社交关系，使其能更好地适应多样性的市场环境，提高在竞争激烈的商业环境中的竞争力。第二，从创业网络资源获取功能的角度来看，董事会成员在不同社交圈中建立的联系意味着他们能够获取来自不同领域、行业和社会背景的信息，这种信息多样性有助于企业更全面地了解市场趋势、行业动态和创新机会，这有助于拓展企业的资源网络、促进信息流动和知识分享，从而推动企业创业网络资源获取功能的多样化发展。第三，从创业网络资源共享功能的角度来看，董事的丰富的行业经验有助于其分享关键信息、经验和见解。这能够帮助企业更好地理解行业趋势、市场动态和企业内部运作，强化企业治理机制，为企业制定战略决策提供充分的信息支持。这有助于为良好的商业关系建立信任、合作和共享的基础，从而带来了多方面的资源共享的好处，相互弥补不足，提高整体效率和竞争力。

根据董事会平均曾任职单位数的分组，我们发现样本创业企业的创业网络功能多样性呈现出显著差异（$F=2.775$，$p=0.040$）。说明董事会平均曾任职单位数多的企业其创业网络功能多样性更强，而董事会平均曾任职单位数少的企业的创业网络功能多样性较弱。从数据结果来看，高董事会平均曾任职单位数组的创业网络功能多样性强度为 0.4409，高于中等组的0.3421 和低组的 0.2880，如图 5 - 11 所示。

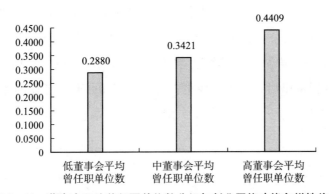

图 5 - 11　董事会平均曾任职单位数分组与创业网络功能多样性差异

根据董事会曾任多样性的分组，我们发现焦点企业创业网络功能多样性呈现出显著差异（$F=3.536$，$p=0.029$），即董事会曾任多样性较强的企业其创业网络功能多样性更强，而董事会曾任多样性较弱的企业的创业网络功能多样性较弱。如图 5 - 12 所示，高董事会曾任多样性组企业的创业网络功能多样性强度为 0.3539，高于中等组的 0.3279 和低组的 0.2974。

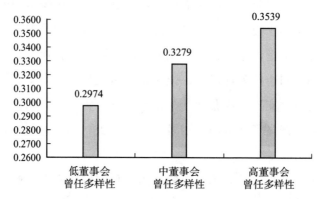

图 5 - 12　董事会曾任多样性分组与创业网络功能多样性差异

从本数据库关于董事会平均曾任职单位数和曾任多样性的数据分布来看，董事会平均曾任职单位数多和曾任多样性越强的企业的创业网络功能将会更加多样化。这意味着先前工作经验更丰富的董事会成员所拥有的个人能力特质以及社会网络质量更优越，这不仅扩大了企业联盟网络规模，而且在弱连接理论的视角下，董事会成员先前工作经验越丰富越有利于董事会内部成员以及公司之间搭建弱连接关系，扩大联盟网络覆盖面，有助于充分享有创业网络的经济效应，丰富了企业创业网络功能的多样性。企业在维护联盟网络时，董事会成员先前工作经验是必须考虑的综合因素之一，其工作经验的丰富度将会在一定程度上影响公司创业网络功能的多样化。

5.4　董事会对外任职与联盟网络

董事会成员对外兼任董事是企业中普遍存在的一种现象。从董事会职能角度的研究发现，董事会对外兼任董事能为焦点企业带回丰富的外部资源（Mizruchi，1996）。社会资本理论强调了个体或组织通过建立和维护社会关系而获取的资源和优势。在企业层面，董事的对外任职可以被视为一种社会资本的积累方式，从而对企业的社会网络产生影响。当部分企业董事会成员对外担任董事职务时，会在企业之间形成连锁董事网络关系，即两家企业因共用一位董事而形成的连锁关系。在董事会成员对外任职的基础上，连锁董事一方面特指董事对外仅兼任董事职务的独特性，另一方面更强调从企业层次看待形成连锁董事的企业之间的特殊关系。有学者认为董事对外任职与连锁董事是一个事物的两个方面，也就是说董事对外任职对企业经济后果产生的影响同样可以用于连锁董事的分析，但连锁董事研究在信号机制与资源机制的基础上还表现出其分析视角的独特性——信息传递机制，即连锁董事在企业之间构建起的独特网络关系起到信息、知识传递与共享的作用。更充分与便捷的信息来源一方面通过促进企业的信息优势与学习能力对绩效结果产生积极正向的影响；另一方面还能够通过制度压力与模仿同构效应对关联企业商业模式与战略进行模仿，从而表现出与业绩优良的连锁董事企业在行为上的一致性，由此对绩效结果产生积极正向的影响。

企业对董事会对外任职带来的资源的偏好不同，创业企业对资源的依赖程度更高，包括联盟构建（Hallen & Eisenhardt，2012）、对外融资（Hallen & Eisenhardt，2012）及兼并收购（Graebner & Eisenhardt，2004）。同时，创业企业对外董事任职对外传递高质量信号的作用更加明显，表现为提升企业合法性水平、影响投资机构对企业的价值判断（Certo et al.，2009）及创造企业更好的发行收益（Chen & Mohan，2002）。创业企业的董事会对外董事任职所带来的高声誉信号与更丰富的经验和知识资源，会吸引经理人更积极地参与和董事会的互动，也更认真地对待董事会的建议（Bruton et al.，2000；Wasserman，2003），帮助他们发现自己战略决策中的盲点（Zajac & Bazerman，1991），提高管理层的认知柔性，进而促进企业绩效的提升。

快速变化的商业环境推动市场不确定性日益凸显，越来越多的创业型企业倾向于与一个或者多个企业建立合作关系，搭建联盟组合网络以获取资源、谋求成长（Shepherd & Wiklund，2009）。获取资源是企业构建战略联盟或联盟组合的主要动机（Wassmer et al.，2017）。董事会外部任职的数量和质量直接关系到企业可以获得的信息和资源。董事会成员在其他企业的董事职位上获得的信息可以极大地丰富企业的视野，提供关于潜在联盟伙伴的资源、能力和发展动向的宝贵见解。这种深入洞察力有助于企业更有效地筛选、选择和建立联盟，因为它们可以基于更全面的信息作出战略性决策，促进联盟网络的扩展和发展。董事会外部任职带来的人际关系网络对企业联盟网络的发展至关重要。董事在其他企业担任职务时所建立的联系和信任关系可以为企业获得更广泛和更牢固的联盟打下基础。这种人际关系网络的存在为企业寻找适当的联盟伙伴提供了更多的选择，并且有助于促进联盟的形成和稳固发展。董事会外部任职还可以为企业提供更多的资源整合和合作机会。董事会成员可能通过其在其他企业的职位获得了额外的资源，如技术、专业知识或市场渠道。这些资源在建立联盟时可以作为谈判筹码，帮助企业更好地达成合作协议，推动联盟网络的进一步发展。本书利用董事会外部董事任职和董事会兼任平均数两个维度对董事会外部任职进行考量，考察董事会外部任职对联盟网络规模、创业网络资源多样性和创业网络功能多样性的影响。

从本数据库关于董事会外部董事任职的数据分布来看，创业板上市企业董事会外部董事任职平均为 0.3454，根据董事会外部董事任职将企业样本划分为三组：将董事会外部董事任职在 0.26 及以下的划为低董事会外部董事任职组，占比 38.45%；将董事会外部董事任职为 0.27 ~ 0.49 的划为中等董事会外部董事任职组，占比 37.17%；将董事会外部董事任职在 0.50 及以上的划为高董事会外部董事任职组，占比 24.38%。

从本数据库关于董事会兼任平均数的数据分布来看，创业板上市企业董事会兼任平均数为 1.9017，根据董事会兼任平均数，将企业样本划分为三组：第一组为低董事会兼任平均数组，董事会兼任平均数在 2.11 及以下，占比 67.01%；第二组为中等董事会兼任平均数组，董事会兼任平均数为 2.12 ~ 3.41，占比 23.02%；第三组为高董事会兼任平均数组，董事会兼任平均数在 3.42 及以上，占比 9.97%。

5.4.1　董事会对外任职与联盟网络规模的影响

董事会外部董事任职较多的企业因其董事团队涉足多个企业的决策层面，具备更广泛的视野和洞察力。这些董事所获得的来自不同企业的信息和资源，为企业拓展联盟网络提供了宝贵的线索和可能性。他们能够有效地将企业的资源需求与其他潜在联盟伙伴的资源供给进行对接，从而促进联盟网络的扩大和规模的增长。相反地，董事会外部董事任职较少的企业则面临着信息获取的局限性。由于董事团队缺乏广泛的外部关联，企业内部对于外部资源的了解相对有限。这就导致企业在寻找潜在联盟伙伴、构建联盟网络时受限于已有的资源信息范围，难以快速扩展联盟规模。

根据董事会外部董事任职的分组，我们发现样本创业企业所构建的联盟网络规模呈现出显著差异（$F=2.51$，$p=0.08$）。说明董事会外部董事任职多的企业更可能构建规模较大的联盟网络，而董事会外部董事任职少的企业在扩大联盟网络规模上存在局限。从数据结果来看，具有高董事会外部董事任职的企业组的联盟网络规模平均为 4.9396，显著高于中等水平董事会外部董事任职组的 4.2203 和低水平董事会外部董事任职组的 3.8787，如图 5-13 所示。

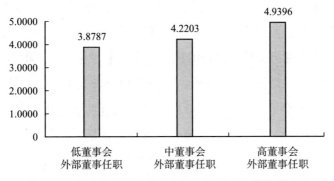

图 5-13　董事会外部董事任职分组与联盟网络规模差异

根据董事会兼任平均数的分组，我们发现样本创业企业所构建联盟网络规模呈现出显著差异（$F = 4.256$，$p = 0.042$）。这意味着，董事会兼任平均数多的企业更可能构建规模较大的联盟网络，而董事会兼任平均数少的企业在扩大联盟网络规模上存在局限。从数据结果来看，高董事会兼任平均数组的联盟网络规模平均为 4.9752，高于中等董事会兼任平均数组的 4.1433 和低董事会兼任平均数组的 3.9028，如图 5 - 14 所示。

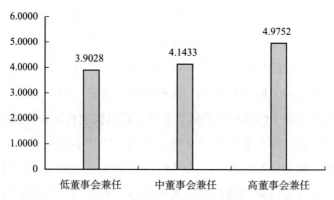

图 5 - 14 董事会兼任平均数分组与联盟网络规模差异

5.4.2 董事会对外任职与网络资源多样性的影响

董事外部任职可以为企业提供更多的专业意见和监督，而且董事会兼任更提升了董事会成员在多个组织中的多元经验和影响力。董事会成员在其他企业担任董事职位为企业带来更广泛的外部联系和信息，这为企业拓展其资源和信息网络提供了独特的机会，给企业带来多方面的资源和优势，促进了企业创业网络资源的多样化。具体表现为以下几个方面。

第一，董事会成员高质量社会网络的形成有助于实现企业创业合作伙伴关系资源多样化。原因在于，董事对外任职的职位一般处于其任职公司的较高地位，可能参与到任职单位的管理层、董事会或行业协会，这使得董事不仅有机会拓展自身的业务视野，而且董事会成员通过参与其他企业的决策过程，可以建立起跨行业、跨领域的联系，为企业带来不同领域的资源和合作机会。这些跨界联系有助于企业在不同领域获取更多元的资源，从而为公司开拓新的商业机会，建立更广泛的创业合作伙伴关系。

第二，董事会成员多元经验的积累有助于实现企业创业人才资源的多元化。创业人才资源对于创业企业的成功至关重要，他们的能力和素质直接影响着企业在市场中的竞争力和生存能力。董事会成员对外任职所积累的外部经验和联系使其可能在行业内保持高声望和影响力，这使得企业更有可能接触到新的资源和思维。例如，董事在本公司履行监督决策职能时，可能会作出更具有战略性的人才资源引进策略。原因是，具有较高层次任职经历的董事在参与招聘和任命公司高层管理者时，能够制订合理的员工培训和发展计划，以确保团队具备必要的技能和知识，在此过程中，吸纳更优秀的人才资源加入公司。

第三，董事会成员对外任职所积累的影响力有助于实现企业创业资金资源的多元化。原因在于，具有高社会影响力的董事通常会在商业圈内享有较高的信誉，使公司更容易被市场认可，进而提高公司在投资者和潜在合作伙伴眼中的吸引力，从而增加投资者对公司的信任，提高公司的声誉。且高影响力的董事通常拥有广泛的业务网络，这可能为公司提供与潜在投资者、合作伙伴和客户建立关系的机会，从而有助于创业融资渠道的多元化。

通过对董事会外部董事的任职情况进行分组分析，我们发现在创业网络资源多样性方面，不同的创业企业之间存在显著的差异（$F = 4.363$，$p = 0.013$）。这表示，拥有较多外部董事任职的企业，在创业网络资源的多样性上更为丰富；相比之下，外部董事任职较少的企业在这方面则显得较为欠缺。根据数据分析，具有较高数量外部董事任职的企业组，其创业网络资源的多样性强度为 0.3866，高于外部董事任职数量中等组的 0.3132 和外部董事任职数量较低组的 0.2910，如图 5 - 15 所示。

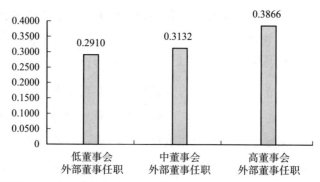

图 5-15　董事会外部董事任职分组与创业网络资源多样性差异

根据董事会兼任平均数的分组，我们发现样本创业企业的创业网络资源多样性呈现出显著差异（$F=3.855$，$p=0.021$）。说明董事会兼任平均数多的企业其创业网络资源多样性更强，而董事会兼任平均数少的企业的创业网络资源多样性较弱。从数据结果来看，高董事会兼任平均数组的创业网络资源多样性强度为 0.3512，高于中等董事会兼任平均数组的 0.3330 和低董事会兼任平均数组的 0.3108，如图 5-16 所示。

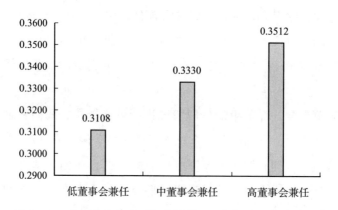

图 5-16　董事会兼任平均数分组与创业网络资源多样性差异

从本数据库关于董事会外部董事任职和董事会兼任的数据分布来看，外部董事任职多和董事会兼任平均数多的企业的创业网络资源将会更加多样化，这意味着对外任职情况多的董事会所拥有的决策能力和社会网络质量更强。在人力资本理论和社会资本理论的双重视角下，董事会对外任职不仅有利于其高效履行监督决策职能，而且有助于其个人搭建高质量的社会网络，为企业吸引了优质的创业资源，丰富了董事社会网络的经济效应，实现了企业创业网络资源的多样性。企业在整合利用联盟网络中的创业资源时，董事会成员对外任职是必须考虑的综合因素之一，这将会在一定程度上影响企业创业网络资源的多样化。

5.4.3 董事会对外任职与创业网络功能多样性的影响

董事会中普遍的对外董事任职和董事会兼任，通过获得各方信息并广泛传递声誉为焦点企业带来了丰富的联盟机会，管理层不论是出于企业资源有限急需联盟以获得成长还是出于个人机会主义行为，都会重点关注企业联盟网络功能的多样性。而董事会对外任职对创业企业网络功能的多样性有重要影响。原因在于，董事会的对外董事任职会为企业带来及时且高质量的信息，同时向外界传递企业高质量的信号（Fama & Jensen，1983）来吸引利益相关者（包括潜在联盟伙伴），这为焦点企业利用相关信息与声誉实现创业网络功能多样化提供了契机。特别是对于创业企业而言，企业规模较小，在资金、技术等资源方面面临着较大的约束，使其对与其他组织建立联系以获取生存与发展所需的信息、资源和合法性的需求更高，诱发管理层倾向于构建功能更加多样化的创业网络。董事会对外任职对企业创业网络功能多样化的影响路径可以归纳为以下两个方面：第一，董事会对外任职可以实现企业创业网络资源获取渠道的多样化。原因在于，对外任职董事在其他企业积累的经验和洞察力能够为企业带来跨行业、跨领域的资源。不同领域的专业知识和技能，有助于企业更全面地应对市场挑战并探索创新发展机会，从而提升创业网络功能的多样性。第二，董事会对外任职可以实现企业创业网络发展路径的多样化。在创业过程中，董事会成员可以有目的地建立和管理一系列关键社会和业务联系，以促进企业的成功。具体表现为，董事会对外任职意味着他们在商业决策和战略规划方面具有更广泛的经验，这种经验可能激发创业网络内部的创新和合作。这些董事可能带来不同的视角和战略理念，激发企业内部的创新文化，有助于创造更多元化的商业机会和发展路径，提升创业网络功能的多样性。

根据董事会外部董事任职的分组，我们发现样本创业企业的创业网络功能多样性呈现出显著差异（$F = 3.618$，$p = 0.027$）。这表明董事会外部董事任职多的企业其创业网络功能多样性更强，而董事会外部董事任职少的企业的创业网络功能多样性较弱。从数据结果来看，高董事会外部董事任职组的创业网络功能多样性强度为0.3835，高于中等组的0.3035和低组的0.2982，结果如5－17所示。

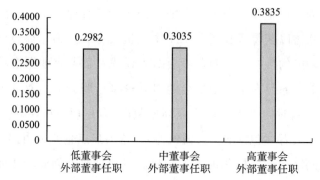

图5－17　董事会外部董事任职分组与创业网络功能多样性差异

根据董事会兼任平均数的分组，我们发现样本创业企业创业网络功能多样性呈现出显著差异（$F = 7.217$，$p = 0.001$）。这意味着，董事会兼任平均数高的企业其创业网络功能多样性更强，而董事会兼任平均数低的企业的创业网络功能多样性较弱。从数据结果来看，高董事会兼任平均数组的创业网络功能多样性强度为0.3697，高于中等董事会兼任平均数组的0.3108和低董事会兼任平均数组的0.3106，如图5－18所示。

从上述结果来看，董事会对外任职多的企业更可能构建规模较大的联盟网络，创业网络资源多样性、功能多样性更强，而董事会对外任职少的企业在扩大联盟网络规模、创业网络资源多样性、创业网络功能多样性存在局限。资源依赖理论侧重于组织如何依赖外部资源以及合作伙伴，以弥补自身资源不足的问题。在董事会构成与联盟网络之间的关系中，董事会成员所带来的资源、联系和专业知识对企业的联盟网络构建具有重要作用。外部董事数量多意味着可带来更丰富的资源和更广泛的社会联系，这有助于企业拓展联盟网络。而兼任平均数高可能代表董事会成员具有跨领域的经验和资源，促进了多元化资源获取。

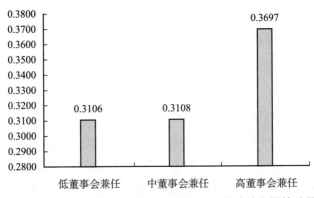

图 5 – 18　董事会兼任平均数分组与创业网络功能多样性差异

社会资本理论强调了个人或组织通过社会关系和网络来获得资源和信息。在这个背景下，外部董事在董事会中的地位和其社会关系网络对企业的联盟网络构建至关重要。外部董事数量多可能代表更广泛的社会关系和资源网络，促进了企业与外部合作伙伴的联系。组织学视角注重于组织内部结构和成员间的互动。董事会兼任平均数高意味着董事会成员在多个组织间具有较高的参与度，这可能带来来自不同领域的经验和知识。这种多元化的视角可以促进企业从不同角度获取资源，推动联盟网络的构建与扩展。

综上所述，外部董事数量和兼任平均数的增加通常与更广泛的资源获取、更多样化的社会联系以及跨领域的专业知识有关，这些因素有助于企业拓展和优化联盟网络。

第6章 商业模式创新对创业网络的影响

创业网络是创业企业所建构的与外部利益相关者的关系的集合，这一战略结果往往来自企业的战略设计与安排，这与企业所设计的商业模式创新紧密相关，从这个意义上说，商业模式创新成为创业网络建构的微观基础。创业网络具有个体化网络和组织间网络的双重内涵，且表现出多类型特征，如联盟网络、连锁董事网络等，使得网络与商业模式创新之间的关系扑朔迷离。在佐特和阿米特（Zott & Amit）对商业模式的定义上，商业模式是指跨组织边界交易关系的内容、结构与治理的理论界定，被赋予了网络的内涵。然而，尽管近年来围绕商业模式创新与组织网络的关系问题涌现了许多启发性强的研究，但仍存在着极具挑战性的问题。例如，网络是商业模式创新的驱动因素、构成内容，还是商业模式创新所带来的结果？网络如何随着商业模式创新的推进而演化调整？本章将对上述问题的回答提供经验证据，为厘清网络与商业模式创新的关系，建立商业模式创新实践的网络基础探索方向。

6.1 商业模式创新作为创业网络研究的微观基础作用

6.1.1 商业模式创新的理论内涵及其结果作用研究

商业模式被定义为企业实现价值创造和价值获取的活动设计系统

（Amit et al. , 2017）。已有研究对商业模式这种组织设计形成两类学术判断，一类研究认同商业模式的架构属性，强调准确刻画商业模式的构成要素，并通过对商业模式要素的改变、重组和设计，实现商业模式创新（George & Bock，2011）。例如，莫里斯等（Morris et al. , 2005）从供给要素、市场要素、内部能力要素、竞争战略要素和经济要素五个方面解释商业模式架构；奥斯特瓦尔德等（Osterwalder et al. , 2012）按照企业创造价值的基本业务和流程，建构了包含9个要素的商业模式模型；乔治等（George et al. , 2011）强调商业模式包含价值结构、资源结构和交易结构三个维度，而商业模式创新可以通过在这三个维度上的创新来实现。另一类研究认同商业模式的价值属性，强调商业模式经由不同的架构属性会产生差异化的价值属性，并主张价值属性才是企业利用商业模式获取竞争优势的根源（Zott & Amit，2008；Amit et al. , 2001）。例如，佐特和阿米特的系列研究从新颖性、效率性、互补性、锁定性四个方面对商业模式价值进行理论解释（Zott & Amit，2007，2008）。由架构属性到价值属性，蕴含着学术界对商业模式本质内涵认识的深化，有助于揭示商业模式驱动企业成长，提升企业绩效的内在机理。

无论是架构维度还是价值维度，关于商业模式的前因研究尚不丰富，少数先驱性研究逐步积累相关研究成果，但仍存在一定的局限性。

第一，部分研究主张商业模式创新是宏观环境诱发的商业现象，突出技术变化（Teece，2018）、经济风险（Sosna et al. , 2010）等环境因素引发的"被动式"商业模式创新，而对于实践中普遍存在的"自发式"商业模式创新现象及其前因后果的认识仍然非常匮乏（Foss et al. , 2017；Amit et al. , 2015）。例如，宝齐莱等（Bucherer et al. , 2012）研究表明商业模式创新受企业内外部环境中机遇和挑战的驱动，通过整合企业内部资源或适应技术发展能促进商业模式创新。卡萨德苏和里卡特（Casadesus & Ricart，2011）倡导通过理性分析环境来设计具有竞争优势的商业模式，认为技术或制度环境变化是诱发商业模式创新的主要驱动力。阿斯帕拉等（Aspara et al. , 2010）提出商业模式创新是通过主动发掘顾客潜在需求，来吸引新顾客创建新市场所驱动的。

　　第二，部分研究主张商业模式创新是企业应对环境不确定性，优化或突破传统商业逻辑的"主动式"战略行为，因而着重关注企业为什么以及如何开展商业模式创新。在这一类研究中，作为商业模式创新的设计者，高管团队被认为是解读商业模式创新的重要因素。现有研究关于高管团队对商业模式创新的影响，主要存在两种视角。一是从信息决策视角出发，关注高管团队的背景特征，如任期（Marcel，2009）、行业经验（Velu et al.，2015）、风险经验（Osiyevskyy & Dewald，2015）等对商业模式创新的影响，强调高管团队借助背景特征获取在商业模式创新过程中所需的知识、信息等资源。具体而言，不同背景特征的高管团队能够获得丰富多样的信息资源，进而透过现象抓住事物本质，精准筛选，提高商业模式创新的决策质量（Smith et al.，1994）。但这一观点并未达成共识。例如，斯尼胡尔等（Snihur et al.，2019）利用案例研究发现，商业模式创新的执行会受到企业决策速度的制约，而决策速度的提升则会受到高管团队背景特征的影响，不同背景特征会增加高管团队成员间的交流障碍，不利于企业决策的快速制定。二是从行为视角出发，关注高管团队的行为特征对商业模式创新的影响，强调商业模式创新是企业重要的战略决策，进而考察高管团队行为对商业模式创新决策的影响（Smith et al.，1994）。现有研究表明，表现出合作行为的高管团队更能够尊重彼此的价值观和意见（Carmeli et al.，2011），驱动相互间的信息交流与共享决策，进而就商业模式创新方案达成共识，并促进商业模式的执行，以推动企业更好地发展。

6.1.2　商业模式创新影响创业网络建构的理论逻辑

　　商业模式创新影响创业网络建构具有深厚的理论基础。首先，商业模式是企业创造并获取价值的基本逻辑（Teece，2010），而创业网络是创业企业依据商业模式塑造的价值主张，匹配多样化外部合作者以形成主体间互补的网络结构安排。其次，商业模式关注的是以价值主张为导向的焦点企业与外部利益相关者之间的交易活动安排，表现为交易活动所构成的结构和治理特征（Amit & Zott，2001），但并不关注交易活动主体特征及其在资源和能力等方面的互补性和相互依赖性，而这恰恰是创业网络关注的重点。正因为此，相似的交易活动逻辑就有可能因交易主体特征以及主体间互补性和相互依赖性差异而诱发不同的网络结构。最后，新商业模式往往会诱发新型创业网络，企业在价值创造和获取逻辑方面谋求创新，自然会出现企业与外部利益相关者之间交易活动的革新，而这一革新也会诱发围绕特定价值主张的合作伙伴特征及其互补结构的变化。更为重要的是，尽管大多数研究认同商业模式创新与创业网络建构之间存在着潜在联系，但对于创业企业高管团队如何在创新商业模式之后设计与构筑新型创业网络仍知之甚少（Snihur et al.，2018）。

目前来看，关于商业模式创新如何诱发创业网络构建，涌现了一些极具理论启发性的观点、认识和判断，但是理论判断的现实解释力度不够，这至少表现在两个方面：第一，创业企业建构新型的创业网络源自企业基于新商业模式的资源编排方式创新，它通过接入多种类型的外部合作伙伴进行价值共创，依靠匹配的价值主张而非终端产品增强对顾客的锁定效果，进而推动焦点企业在更加广阔的资源基础上实现非线性成长（Amit & Xu，2017）。但是，即便是归纳出资源编排逻辑，如果不清楚这一逻辑从何而来，也只能提供事后解释难以提供事前预测和判断；第二，在新型创业网络情境下，企业间的单点竞争转变为基于网络的多点竞争（Hannah & Eisenhardt，2018），创业企业可以利用网络组织屏蔽来自竞争对手的直接对抗，而网络中的多点位置、多个参与者都成为创业企业抵御竞争的手段。事实上，并非所有的网络都会产生竞争保护效应，这在很大程度上取决于网络本身的结构、属性和特征，而这些结构、属性和特征往往脱生于商业模式创新的形成过程及其属性特征（Snihur et al.，2018）。

6.1.3 对商业模式创新的观测

依据佐特和阿米特（2007）对商业模式创新的测量方法，课题组从效率和新颖两个维度衡量创业板上市公司商业模式创新的不同类型。效率型商业模式创新强调从包含多主体的整体系统角度降低各系统参与者间的交易成本，以实现系统效率提升；新颖型商业模式创新则强调新创企业联结新的交易主体、采取新的交易方式和设计新的交易机制等，从而在商业模式中融入新要素。利用佐特和阿米特（2007）开发的效率型和新颖型商业模式创新量表（两个维度各 13 个问项），针对创业板上市企业《招股说明书》中对商业模式的描述进行文本编码，通过编码人员的背对背编码与一致性检验，得到样本企业在效率型与新颖型商业模式创新上的分值。商业模式创新测量如表 6-1 所示。

表 6-1　　　　　　　　　　　　商业模式创新测量

测量内容	测量标准			
1. 商业模式创新提供了新产品、服务和信息或其新组合	强烈认同	认同	不认同	强烈不认同
2. 商业模式创新引入了新参与者	强烈认同	认同	不认同	强烈不认同
3. 商业模式创新为参与者提供了新的交易激励	强烈认同	认同	不认同	强烈不认同
4. 商业模式创新中参与者和/或商品的多样性和数量是前所未有的	强烈认同	认同	不认同	强烈不认同
5. 商业模式创新采用了新的交易方式来联结参与者	强烈认同	认同	不认同	强烈不认同
6. 参与者之间某些联结丰富度（质量和深度）是新颖的	强烈认同	认同	不认同	强烈不认同
7. 目标企业因商业模式创新所获得的专利数量	0	1~2	3~4	>4
8. 商业模式创新对于商业机密和/或版权的依赖程度	强烈认同	认同	不认同	强烈不认同
9. 目标企业是否宣称其是先驱性商业模式创新	是		否	
10. 目标企业持续地推动商业模式创新	强烈认同	认同	不认同	强烈不认同
11. 存在有可能颠覆目标企业商业模式创新的竞争性商业模式创新	强烈认同	认同	不认同	强烈不认同
12. 商业模式创新还在其他方面表现出了新颖性	强烈认同	认同	不认同	强烈不认同
13. 总体来看，目标企业的商业模式创新是新颖的	强烈认同	认同	不认同	强烈不认同

6.2 商业模式创新对创业企业客户网络的影响

企业的成长和发展嵌入于各类交易关系之中，其中客户和供应商是主要的交易主体，也是企业所构建的外部网络中重要的参与者，是其商业模式架构中的关键利益相关者。创新的商业模式设计需要对客户和供应商的类型选择、其在价值链上的位置、接入客户和供应商的数量以及其间的交易关系等作出安排，并对上述内容进行创新性地思考。例如，戴尔建构了相对稳定的供应商网络，通过与供应商实时共享客户信息的方式，打通客户与供应商之间的链条，实现整体价值链的高效率，这反映出其商业模式在效率维度的创新表现；相比之下，苹果的智能手机操作系统通过引入 App 开发商这一新参与者，并且设计了用以捆绑 App 开发商的新交易关系与激励方式，为用户提供全新的体验与顾客价值，这反映出其商业模式在新颖维度的创新表现。由此，大量的现象展示出，企业在客户层面的组织间网络深刻影响着企业的商业模式创新设计。

所谓客户网络是以创业企业为焦点，客户企业为网络节点的网络。客户网络表达的是企业的客户群在结构和关系上所呈现出来的整体性特征。对于客户网络进行分析，旨在从整体上把握企业客户群的组合性特征、价值及其对企业的影响，而不是孤立地看待单个客户的影响，即分析整片森林，而不是森林中一株典型的树木。当企业对自己的客户群体作出明确界定，并在经营中不断拓展进而形成客户网络，维护稳定的客户关系，意味着企业为更好地满足这些客户日渐挑剔的需求，需要不断进行创新，以提供更新、更高水平的价值。进一步地，客户网络也对企业的成长和发展具有重要影响。在通过向客户网络销售产品或服务创造收入之外，客户网络也是企业获取知识和信息的重要源泉，据此企业能够提升自身创新能力，获得有关市场的更深入的洞察，从而帮助企业更好地服务市场和客户，加快成长的速度。

课题组根据创业板上市公司披露的《招股说明书》《年度报告》，识别出企业的前五大客户企业，作为客户网络的构成内容，这反映出客户网络的静态特征。而从动态角度来看，客户变动带来的客户网络变化刻画了客户网络的演化特质。创业企业的客户网络为什么会发生变化，这种变化是否来自企业的商业模式创新，是本节着重考察的问题。

6.2.1 客户网络构成的变化

客户网络变化是指创业企业所构建的以主要客户为主的网络中，当年相较上一年的客户变动情况，客户的变动如替换了一个新客户，意味着客户网络构成的变化。在本数据库中，采用 K – 均值聚类方法，根据创业板企业上市当年披露的客户变动数量（变动 1 个客户记为 2，这意味着增加 1 个新客户的同时减少了 1 个老客户）将 448 家企业分为三组（见图 6 – 1）：第一组为高变动组（聚类均值为 7.38），这类企业数量为 151 家，占比 33.70%；第二组为中变动组（聚类均值为 4.27），这类企业数量为 242 家，占比 54.02%；第三组为低变动组（聚类均值为 1.05），这类企业数量为 55 家，占比 12.28%。

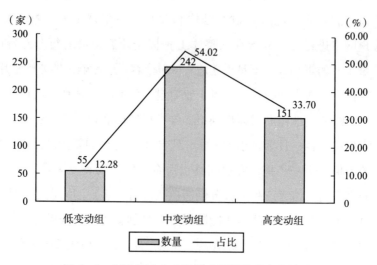

图 6 – 1　创业板上市企业客户网络构成变化情况

上述数据结果表明，约有半数的创业板上市企业呈现中等程度的客户网络构成变化，而企业维持稳定客户网络的比例较小，仅有 12% 左右。这一变化展现的是，创业企业初上市时，相对于其上市前的客户网络变化，更倾向于小幅推动客户网络的适度调整，既不依赖于特定客户，也不大幅度激进地调整客户网络结构，而是在稳中求变的过程中调整客户网络构成。

这种客户网络构成的变化是否会影响企业绩效？对创业企业在客户网络变化与企业业绩指标的相关性分析发现，企业在上市当年客户网络构成变化的特征与当年年底业绩指标，如总资产（相关系数为 0.077，$p = 0.023$）、营业收入（相关系数为 0.121，$p = 0.005$）、净利润（相关系数为 0.098，$p = 0.012$）存在显著的负相关关系。这是因为，客户网络发生大幅度的构成内容变动意味着企业客户群体的不稳定，难以保证企业稳定的、可持续的营业收入，因而会对企业业绩产生负面影响。

进一步地，根据客户网络构成变化所进行的分组，考察企业业绩指标在不同分组间的差异。根据客户变动数量所进行的分组，各组样本在企业上市当年年底总资产（$F = 3.531$，$p = 0.030$）、营业收入（$F = 3.531$，$p = 0.030$）、净利润（$F = 2.429$，$p = 0.089$）上表现出显著差异，如图 6-2 所示。从企业上市当年年底总资产来看，低变动组的营业收入平均值最高为 1.664，高于中变动组的 1.278 和高变动组的 0.892。从企业上市当年年底营业收入来看，低变动组的营业收入平均值最高为 1.742，高于中变动组的 1.246 和高变动组的 0.912。从企业上市当年年底净利润来看，低变动组的净利润平均值最高为 0.164，高于中变动组的 0.127 和高变动组的 0.106。

上述数据结果表明，客户网络构成变化程度较低的创业企业更可能获得较好的经营业绩，而大幅度调整客户网络构成的企业，可能会产生业绩的下滑。从资产性业绩指标来看，拥有稳定的客户网络的创业企业，其资产规模能够保持较高的水平，这源于稳定客户对企业经营的支撑。从经营性业绩指标来看，拥有稳定的客户网络的创业企业，可以持续性地从稳定的客户网络获取收入，同时由于保持与老客户的关系营销成本较低，稳定的客户网络还会促进企业净利润的提高，进一步促进资产规模的扩大。相较之下，客户网络构成变动较大的创业企业，其营业收入和净利润都较低，原因在于客户变动使得企业从新客户手中获得超额收益的可能性需要市场检验，破坏了企业收入的稳定性。同时因维系新客户的开发成本和营销投入带来高额的成本，拉低了净利润水平，也影响着企业资产规模的扩大。

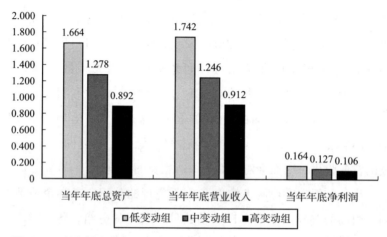

图 6-2　创业板上市企业客户网络构成变化与企业上市当年业绩的关系

　　客户网络构成变化所带来的影响，不仅发生于创业企业上市当年，还会传递到创业企业上市后。利用创业企业在上市当年客户网络变化与上市下一年年底指标的相关性分析发现，企业在上市当年客户网络构成变化的特征与下一年业绩指标，如总资产增长率（相关系数为 0.086，$p=0.013$）、营业收入增长率（相关系数为 0.101，$p=0.009$）存在显著的正相关关系。

　　根据客户网络构成变化所进行的分组，考察创业企业上市后下一年年底业绩指标在不同分组间的差异。根据客户变动数量所进行的分组，各组样本在企业上市下一年年底总资产增长率（$F=3.256$，$p=0.037$）、营业收入增长率（$F=3.651$，$p=0.029$）上表现出显著差异，如图 6-3 所示。从企业上市下一年的总资产增长率来看，高变动组的总资产增长率最高为 32.70%，高于低变动组的 28.40% 和中变动组的 24.30%。从企业上市下一年的营业收入增长率来看，高变动组的营业收入增长率最高为 29.40%，高于低变动组的 25.30% 和中变动组的 21.50%。

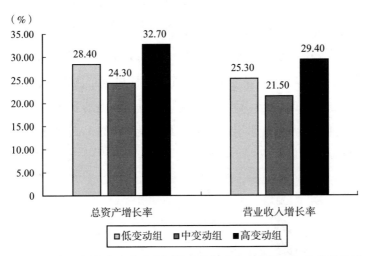

图 6 - 3　创业板上市企业客户网络变化与企业上市下一年的关系差异

6.2.2　客户网络中大客户收入占比变化

本数据库识别出了创业企业在上市初期（根据上市当年《招股说明书》）排名前五的客户收入占比情况，同时也根据创业板上市企业《年度报告》中披露的前五大客户收入占比，刻画客户网络中这些大客户收入占比的变化情况。具体而言，课题组将上述变化细分为聚焦、分散、持平三种情况。所谓聚焦，是指排名第一与排名最后的客户收入占比差距显著增大；所谓分散，是指上述差距显著减小；而持平意指变化不大，如小于 5%。值得说明的是，聚焦与分散的测量主要是相较 5% 的水平有较大的差距，通常趋向聚焦意味着企业对最大客户的依赖性增强，更可能面临大客户议价能力提升的威胁，可能给企业带来更高的成本；而趋向分散则是企业减少了对大客户的依赖，在市场上拥有更强的话语权，但也可能是最大客户减少订单的结果，这反而意味着企业产品吸引力下降；客户收入持平则反映出企业有更强的维持客户关系的能力，能够以相对稳定的客户布局，使其发展更具确定性。

在本数据库的创业板上市企业样本中，根据排名前五的客户收入占比变动情况进行的分组，各组样本在企业上市当年年底营业收入（$F = 5.564$，$p = 0.008$）、利润总额（$F = 3.816$，$p = 0.035$）、净利润（$F = 3.255$，$p = 0.048$）呈现出显著差异，如图 6-4 所示。具体而言，从企业上市当年年底营业收入来看，持平组的营业收入平均值最高为 1.237，明显高于分散组的 0.823 和聚焦组的 0.755。从企业上市当年年底利润总额来看，持平组的利润总额最高为 0.156，高于聚焦组的 0.112 和分散组的 0.094。从企业上市当年年底净利润来看，持平组的净利润最高为 0.123，高于聚焦组的 0.101 和分散组的 0.095。

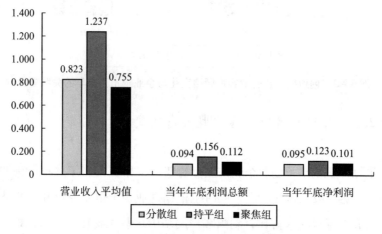

图 6-4　创业板上市企业当年年底的绩效反应

上述数据结果表明，相较收入分散到多个客户或集中于少数大客户的客户网络收入结构，拥有收入稳定的客户网络会使得创业企业赢得较好的经营业绩。可能的解释在于，收入相对稳定于既有的客户结构，一方面，便于企业对客户的管理，使得企业能够以相对熟悉的、适宜的方式做好客户关系管理，更好地发挥客户价值；另一方面，收入来源稳定的客户网络能够使得企业将客户议价水平限制在可控范围内，增强企业相对于客户的优势地位，保障企业的竞争优势与经营绩效。相比之下，客户网络的收入结构趋向于聚焦或分散时，企业的收入状况不及收入结构稳定的情形。而细分来看，客户收入结构聚焦性变化，相比客户收入趋向分散客户来源，可能带来较低的收入状况与利润状况，因为企业受制于单一大客户收入占比增长而带来的议价压制时，会对其业绩产生重要影响。

同时，客户收入占比变动带来的客户网络变化影响效应，会延续至创业企业上市下一年的绩效反应，在企业上市后下一年年底的营业收入（$F = 5.116$，$p = 0.007$）、利润总额（$F = 4.128$，$p = 0.013$）、净利润（$F = 3.983$，$p = 0.014$）上呈现出显著差异，如图6-5所示。从企业上市下一年年底营业收入来看，持平组的营业收入最高为1.583，高于聚焦组的1.146和分散组的1.052。从企业上市下一年年底利润总额来看，持平组的利润总额最高为0.173，高于分散组的0.132和聚焦组的0.121。从企业上市下一年年底净利润来看，持平组的净利润最高为0.161，高于分散组的0.120和聚焦组的0.111。

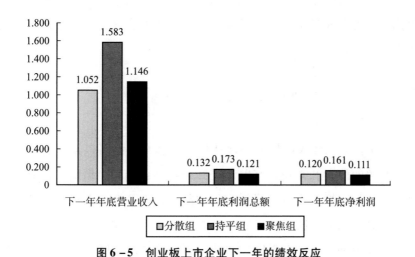

图6-5 创业板上市企业下一年的绩效反应

上述数据结果表明，聚焦组和分散组在各个绩效维度上并未显现出显著的差异，而持平组具有明显的优势。这再次表明，当企业能够保持稳定的客户网络，表现为主要客户收入占比变化不大时，往往能够形成较具确定性的客户需求，因而企业能够从既有客户那里获得均衡的客户收入，促进企业在收入、利润指标上有更好的业绩表现。这一效应不仅发生在当期，即新创企业排名前五的客户收入变动情况对企业上市当年的收入与利润的影响，还会延伸到下一期产生滞后影响，即客户收入变动会对企业上市下一年的收入与利润产生影响。这意味着，保持稳定的客户收入结构，有助于促进企业收益性指标的提升。

上述数据结果也从另一个侧面表明，客户网络的变动将损害企业的财务绩效，其背后的原因在于老客户的流失意味着企业将在一定时间内失去一部分相对稳定的业务收入，而新客户通常在短时间内不会大量下订单，从而难以弥补老客户流失导致的收入损失。同时，因在过去的交易中前期已经投入一定的资源，企业对老客户的边际投入相对较少，而为了将新客户转变为老客户，企业需要在双方交易的早期投入更多资源来维系关系，让新客户满意以增加订单量，这也将侵蚀企业的收入。有研究指出，发展一位新客户所需的投入相当于维护一位老客户的5倍，而且发展的新客户在短期内难以为企业带来利润，通常等他们变成回头客，即老客户，才会不断为企业创造收入和利润。

6.2.3　客户网络变动与商业模式创新

在构成内容与收入结构上都保持稳定的客户网络可以帮助企业获得更多客户相关的信息和知识，有助于提升企业创新能力。据此，企业也有更强动力进行特定性的投资，降低交易的阻碍，提升企业营运的效率。特别对于创业企业而言，稳定的客户网络能够为其成长和发展带来持续的资源和收入，助力创业企业克服成长初期的新企业缺陷；同时也能够减少创业企业投入到客户拓展上的资源，使其更加专注于产品服务的打造，以及内部管理系统的完善上。然而，值得注意的是，为什么创业企业愿意或者能够保持稳定的客户网络？这可能源于创业企业的商业模式设计，创业企业通过商业模式创新以维持稳定的客户网络。

创业企业开展商业模式创新设计，需要调整自己的客户网络以匹配商业模式创新设计。在创业企业成立初期，企业所建立的客户网络往往来源于创业企业创始人个人化关系所形成的客户关系，这种关系通常依赖于以强联结为纽带的客户网络，这些强关系客户会为创业企业的发展带来资源支持，但难以确保客户网络的稳定性与持续性。为了从创立跨越到成长，创业企业需要通过不断地商业模式创新提升合法性、声誉度与市场地位，联结多样化的客户以扩大客户网络构成、形成客户收入多元化结构，才能稳固在市场上的优势地位。因此，创业企业进行商业模式创新可能是上述两个目标的其中一种，或是为了稳定现有的客户关系以帮助自己成长，或是为了更新现有的客户网络，以成为真正的市场主体。

那么，商业模式创新如何影响客户网络的结构演化？商业模式创新是一种跨组织边界的组织设计，这表现为一种重要的战略行动，是相对于既有商业模式跨组织边界关系，创新性地设计包含多种利益相关者的"成本—价值"框架。基于此，课题组根据商业模式创新的主流研究成果，将商业模式创新设计划分为两种类型，即效率型和新颖型商业模式创新。新颖维度的商业模式创新是指采用新的行动方式执行经济交换，如连接原本没有关联的参与者、以新的方式联结交易主体或设计新的交易方式等；而效率维度的商业模式创新则是采取与在位企业相似的行动，但以更高效的方式执行。进一步地，商业模式创新通过在效率维度上降低交易的整体成本，促进企业与客户之间的交易效率，而在新颖维度上通过为客户提供更加独特的价值，增强客户的依赖性，这些对于稳定企业的客户网络关系均具有积极的影响。

依据商业模式在两个维度上的创新，将本数据库的创业板上市企业划分为高度创新、适度创新和没有创新三个组，这一分组在前述的客户网络变动上表现出一定的差异性。从效率维度来看，商业模式创新程度不同的组别在企业上市当年年底客户网络变动上未表现出差异，但在下一年年底客户网络变动上表现出显著差异（$F = 4.295$，$p = 0.011$），如图 6 - 6 所示。具体而言，高度创新组在上市下一年年底客户网络方面变动最大，变动的客户数量平均值为 5.98，高于适度创新组的 5.21 和没有创新组的 4.55。从新颖维度来看，依据商业模式创新程度划分的不同组别，同样在企业上市下一年年底客户网络变动上表现出显著差异（$F = 4.872$，$p = 0.007$）。高度创新组在上市下一年年底客户网络方面变动最大，变动的客户数量平均值为6.21，高于适度创新组的5.37和没有创新组的5.07。

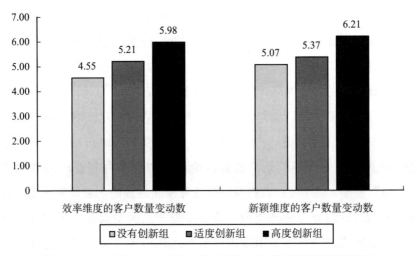

图6-6　创业板上市企业商业模式创新与客户网络变化特征差异

上述数据结果表明，对于初上市的创业企业而言，新颖维度的商业模式创新更需要企业对客户网络的较大幅度调整以匹配新颖型价值属性，而效率维度的商业模式创新则需要对客户网络作出适度的调整。从新颖维度来看，商业模式创新意味着创业企业要引入新参与者、建立与新参与者的新交易关系或新激励方式，这就构成创业企业调整客户网络的可能动机与诱因。尽管客户只是创业企业商业模式中参与者的一种类型，但随着创业企业越来越注重将客户作为价值共创者的重要参与者，他们会通过引入具有客户身份的参与者来塑造新颖型商业模式创新，从而带来客户网络的大幅度变化。

从效率维度来看，适度的、小幅的创新需要客户网络较大幅度的调整以适应创新，而当创新程度逐步提高时，则需要新创企业以相对稳定的客户网络作为支撑。沿着效率维度开展商业模式创新，赋予企业以效率优势的潜力，表现为在整体性"成本—价值"架构中实现成本最小化，即在不改变或者说不在根本上改变行业产品或服务价值逻辑的情况下，降低企业与外部利益相关者交易结构的系统性成本（Amit & Zott，2001）。系统性成本的降低关乎参与者的成本而非新创企业自身成本，意味着在效率维度开展高度商业模式创新的企业能够降低客户作为参与者的成本，增强其参与企业商业模式的黏性，稳定客户网络。

进一步地，依据商业模式在效率和新颖两个维度的平衡创新路径，将企业划分为低水平平衡、高水平平衡、效率维度主导、新颖维度主导四个组别，各组样本在客户数量变动上也表现出一定的差异性。在本数据库的样本中，商业模式不同的平衡创新路径并未在企业上市当年年底客户网络变动上表现出差异，但在下一年年底客户网络变动上表现出显著差异（$F = 3.545$，$p = 0.035$），如图 6-7 所示。具体而言，高水平平衡组在上市下一年年底客户网络内容方面变动最大，变动的客户数量平均值为 6.33，高于新颖主导组的 5.94、效率主导组的 5.62 和低水平平衡组的 5.07。这表明对于初上市的创业企业而言，兼具效率和新颖两个维度高水平的商业模式创新，会使得企业大幅度调整客户网络来匹配商业模式对参与者的需求；相反，如果企业在效率和新颖两个维度的创新上均表现不佳，企业可能固守着既有的客户网络构成与结构。

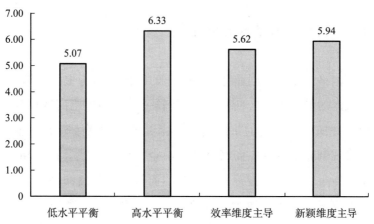

图 6-7 新三板 IT 企业商业模式平衡创新与客户网络变化差异

相较效率优势在"成本—价值"架构中谋求成本最小化，注重系统性成本降低，新颖优势更注重在"成本—价值"架构中寻求价值最大化，通过增加新的产品或服务、创造新的价值活动、引入新参与者或采用新交易方式来维系参与者关系等手段，通过打破行业的价值内容规则来塑造竞争优势（Amit & Zott, 2001）。创业企业通过高水平平衡的商业模式创新路径兼具效率优势和新颖优势，其一方面利用打通参与者之间沟通链条的信息优势，提升企业与客户之间以及客户与商业模式其他参与者之间匹配的效率和效果，使得新增的、调整的客户接入企业新商业模式也不存在较高的进入障碍与成本；另一方面利用新价值活动、新交易手段、新激励方式，创业企业能够激活与客户的多元关系，形成对客户的动态调整与多元收入结构适配。因此，高水平平衡的商业模式创新更倾向于激发企业调适客户群体，促进客户网络演变的动机。

6.3 商业模式影响下的供应商网络演化

供应商是企业面向市场提供产品或服务背后的投入品提供者，是企业发展中必不可少的关键支撑要素。

6.3.1 供应商网络构成的变化

供应商网络变化是指创业企业所构建的以供应商为主的网络中（上市公司年报披露的前五大供应商），当年相较上一年的供应商数量变动情况，如创业企业替换了一个新的供应商，意味着供应商网络构成发生了变化。根据数据发现创业企业供应商网络变化与企业成长性绩效指标相关，还与企业上市当年年底的业绩指标相关。具体而言，供应商网络变化与企业上市当年营业收入（相关系数为 -0.126，$p = 0.002$）、净利润（相关系数为 -0.157，$p = 0.001$）呈负相关关系，与总资产增长率（相关系数为 -0.082，

$p = 0.040$）呈负相关关系。进一步地，创业板上市企业当年供应商网络变化还与下一年总资产（相关系数为 -0.111，$p = 0.004$）、营业收入（相关系数为 -0.165，$p = 0.000$）呈负相关关系，但与下一年营业收入增长率呈正相关关系（相关系数为 0.088，$p = 0.018$）。上述数据结果表明，供应商网络的波动预示着企业的供应商群体的行业属性存在较强的不确定性，这使得企业的供应关系不稳定，难以成为保证企业可持续的经营与成长的基础，因而会对企业绩效产生负面影响。

我们采用 K – 均值聚类方法，根据创业板上市企业上市当年供应商变动数量将 448 家企业分成三组：第一组为高变动组（聚类均值为 7.03），这类企业数量为 116 家，占比 25.89%；第二组为中变动组（聚类均值为 4.87），这类企业数量为 239 家，占比 53.35%；第三组为低变动组（聚类均值为 1.08），这类企业数量为 93 家，占比 20.76%。从供应商数量的变动来审视创业企业供应商网络构成变化，发现这些企业较多地集中于中等程度的供应商变动，约有半数的企业适度地调整供应商网络；同时，保持供应商网络构成稳定的企业也相对较少，这表现出创业企业适时调整供应商网络的战略安排，也表明供应商网络变化是较为普遍的现象。

根据供应商变动数量进行分组，各组样本在企业上市当年年底的营业收入（$F = 6.134$，$p = 0.000$）、净利润（$F = 3.407$，$p = 0.052$）以及总资产增长率（$F = 2.512$，$p = 0.063$）上表现出显著差异，如图 6 – 8 所示。具体而言，从企业上市当年年底营业收入来看，低变动组的营业收入平均值最高为 1.691，高于中变动组的 1.104 和高变动组的 0.743。从企业上市当年年底净利润来看，低变动组的营业收入平均值最高为 1.485，高于中变动组的 0.934 和高变动组的 0.667。从企业上市当年年底总资产增长率来看，低变动组的总资产增长率平均值最高为 5.799，显著高于中变动组的 0.633 和高变动组的 0.623。这些结果表明，较高的供应商网络变化不利于创业企业绩效的提高，同时也对企业以资产规模为表现的成长绩效产生负面影响。原因在于，上市初期的创业企业即对供应商网络作出大规模地变动会对投资者以及客户的信心产生影响，其释放出的企业供应链不稳定的潜在信号，影响着企业的收入状况和利润水平，从而也对企业资产规模的增长产生负面的影响。

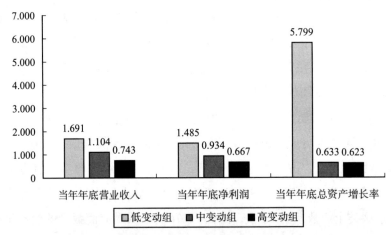

图 6-8 创业板上市公司供应商网络变化与当年企业绩效的关系

进一步地，我们考察了根据供应商变动数量所划分的各组样本，在企业上市后下一年的绩效表现差异，发现他们在企业上市下一年年底的总资产（$F = 4.841$，$p = 0.008$）、营业收入（$F = 4.841$，$p = 0.008$）、营业收入增长率（$F = 4.841$，$p = 0.008$）上均表现出显著差异，如图 6-9 所示。具体而言，从企业上市下一年年底的总资产来看，低变动组的总资产平均值最高为 2.037，高于中变动组的 1.679 和高变动组的 1.228。从企业上市下一年年底营业收入来看，低变动组的营业收入平均值最高为 1.933，高于中变动组的 1.226 和高变动组的 0.974。从企业上市下一年年底营业收入增长率来看，中变动组的营业收入增长率平均值最高为 0.434，稍高于高变动组的 0.418，但远高于低变动组的 0.157。

上述数据结果表明，供应商网络构成变化所带来的影响不仅在当期，还会延续至企业上市后，且企业适度调整供应商的积极作用开始显现。首先，供应商网络构成变化仍会对创业企业的财务绩效产生负面影响，表现为总资产和营业收入的降低。尽管创业企业调整供应商在经历一段时间后可能逐步得到认可，但变化的供应商与企业之间仍处于磨合期，二者协同创造价值的效应尚未显著凸显。其次，尽管供应商网络构成变化对企业营业收入产生负面影响，但却开始显现出对营业收入增长的积极促进作用，表现为有一定程度供应商网络变动的企业营业收入增长率更高，这意味着供应商网络并非一成不变的网络结果，过度依赖既有供应商也不是长久之举，创业企业应当适度调整供应商网络从而使得企业保持成长的可持续性。

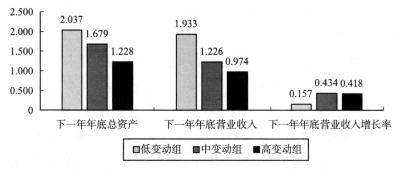

图 6-9　创业板上市公司供应商网络变化与下一年企业绩效的关系

6.3.2　供应商网络行业属性变化

从供应商所属行业范围来看，在本数据库样本中，前五名主要供应商来自同一个行业的企业数量达到 131 家，占比 27.01%，说明仍有一定比例的企业在聚焦的行业范围内建构供应商网络，基于此获取价值活动实施所需的资源。他们往往选择较为熟悉的行业领域建构其供应商网络，而不是跨行业边界引入新供应商。前五名供应商来自两个行业的企业数量为 156 家，占比最高，为 32.14%；来自 3 个行业的企业数量为 98 家，占比 21.88%。这说明，在有限的行业范围内（2~3 个行业）获取供应商资源，搭建供应商网络的企业占比较高（超过 50%）。这些企业主张保持供应商网络一定程度的多元性，但又将其限制在一定范围内，以增强新企业对多元供应商的控制能力。前五名供应商来自 3 个以上行业的企业数量为 63 家，占比14.06%。这一群体是在供应商网络方面具有创新设计的群体，他们通过引入来自不同行业的新供应商，赋予商业模式以创新的可能，为挖掘新商业模式中新的交易关系与交易激励方式提供机遇。

根据供应商网络行业属性将创业板上市企业划分为三组：第一组是聚焦型供应商网络，即供应商所属行业数量为1，表现为企业仅在单一行业领域中建立供应商关系；第二组是拓展型供应商网络，即供应商所属行业数量为2或3，表现为企业在有限的行业领域中建立供应商关系；第三组是开放型供应商网络，即供应商所属行业数量大于3，表现为企业在广阔的行业领域中建立供应商关系。

进一步发现，基于供应商网络行业属性分组，各组样本在企业上市当年年底营业收入（$F = 2.833$，$p = 0.054$）上表现出显著差异，也在企业挂牌下一年年底的营业收入（$F = 2.395$，$p = 0.081$）、利润总额（$F = 2.977$，$p = 0.051$）、总资产增长率（$F = 2.631$，$p = 0.067$）上表现出显著差异，如图6–10所示。就企业上市当年年底的营业收入而言，具有拓展型供应商网络的企业营业收入平均值最高为1.221，显著高于具有聚焦型供应商网络的0.982和具有开放型供应商网络的0.804。就企业上市下一年的营业收入而言，具有拓展型供应商网络的企业营业收入平均值最高为1.439，显著高于具有开放型供应商网络的1.116和具有聚焦型供应商网络的0.918。就企业上市下一年的利润总额而言，具有拓展型供应商网络的企业利润总额平均值最高为0.164，显著高于具有开放型供应商网络的0.127和具有聚焦型供应商网络的0.101。就企业上市下一年的总资产增长率而言，具有拓展型供应商网络的企业总资产增长率平均值最高为28.40%，显著高于具有开放型供应商网络的23.60%和具有聚焦型供应商网络的20.50%。

上述数据结果表明，创业企业对其供应商网络进行适度地拓展是有益的，这相比频繁地更换供应商，抑或保持供应商始终不变的稳定性会带来更好的绩效水平。对于存在资源缺陷的创业企业而言，频繁地更换供应商意味着交易成本的增加，这不仅要求企业重新搜寻、谈判、评估新的供应商及其供给品，也会影响原材料投入生产后产成品的质量。同时，完全不对供应商网络作出调整，始终如一地与既有供应商保持供货关系，也不利于创业企业调适与供应商伙伴的合作关系与模式，保持与要素市场价格的动态适应。总体来看，供应商网络的波动性对创业企业业绩与成长绩效的影响较为复杂，当企业供应商网络呈现动态变化特征时，受到影响的绩效指标更多、范围更广。

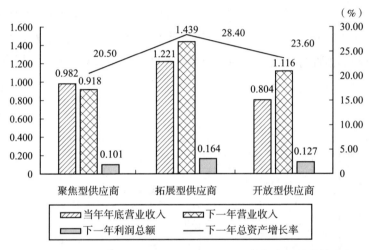

图 6-10 创业板上市公司供应商网络行业属性与企业绩效的关系

在前述刻画供应商网络行业属性基础上，我们还采用供应商所属行业变动来描绘供应商网络行业属性的变化。原因在于，供应商所属行业彰显了企业价值活动经由资源外取方式实现的商业模式选择，行业范围越广，说明供应商网络广度越高，企业越能够调用多行业的供应商进行资源活动与价值活动实施，以增强商业模式引入新参与者、实施新交易活动的可能。我们同样采用 K-均值聚类方法，根据创业板上市企业上市当年供应商所属行业变动数量将 448 家企业分成三组：第一组为高变动组（聚类均值为6.14），这类企业数量为 64 家，占比 14.29%；第二组为中变动组（聚类均值为3.21），这类企业数量为 117 家，占比 26.11%；第三组为低变动组（聚类均值为1.17），这类企业数量为 267 家，占比 59.60%。根据这一样本分布可知，大多数创业板上市企业保持供应商网络在行业属性方面的稳定性，实现中等程度网络变动的企业占比达到85%以上，而仅有不足15%的企业大幅度地从不同行业更换供应商。

根据上述供应商所属行业变化进行的分组样本在企业挂牌当年年底的营业收入（$F = 15.941$，$p = 0.000$）、营业收入增长率（$F = 2.846$，$p = 0.060$）上表现出显著差异，如图6 – 11所示。具体而言，从企业上市当年年底营业收入来看，低变动组的营业收入平均值最高为1.746，高于中变动组的0.931和高变动组的0.714。从企业上市当年年底营业收入增长率来看，低变动组的营业收入增长率平均值最高为0.429，高于中变动组的0.154和高变动组的0.116。

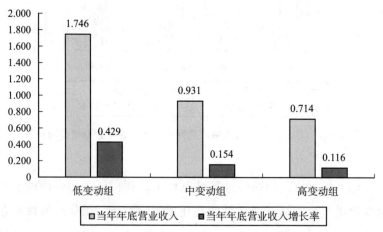

图6 – 11 创业板上市公司供应商所属行业变化与当年企业绩效的关系

进一步地，根据上述供应商所属行业变化进行的分组样本还在企业挂牌下一年年底的利润总额（$F = 2.726$，$p = 0.066$）、净利润（$F = 2.392$，$p = 0.092$）、营业收入增长率（$F = 5.242$，$p = 0.005$）上表现出显著差异，如图6 – 12所示。从企业挂牌下一年年底利润总额来看，低变动组的利润总额平均值最高为0.183，高于中变动组的0.142和高变动组的0.123。从企业挂牌下一年年底净利润来看，低变动组的净利润平均值最高为0.153，高于中变动组的 0.120 和高变动组的 0.108。从企业挂牌下一年年底营业收入增长率来看，低变动组的营业收入增长率平均值最高为 0.3880，高于中变动组的 0.2254 和高变动组的 0.1670。

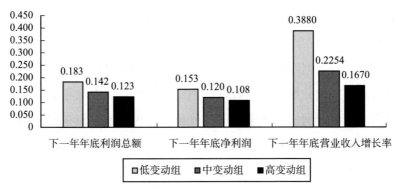

图 6 – 12　创业板上市公司供应商所属行业变化与下一年企业绩效的关系

上述数据结果表明，在供应商网络行业属性上保持稳定性的创业企业往往具有较高的绩效水平，这种影响作用既反映在企业上市当期，同时也延续至上市下一年，形成相对稳健的影响效应。在供应商网络行业属性上较大幅度的变动往往意味着网络内容本质上的变化，即不是简单地更换个别供应商，而是变革供应商行业来源结构，这反映出创业企业意欲变更产品结构、业务结构、供应链格局、经营方式等的战略构想。然而，这种大幅度的变动存在着经营风险，表现为调整产品的供货结构，在技术上、生产上颠覆以往的产品结构或业务格局，这是否能够通过市场的检验并得到客户的认可，至少在短期内不容易显现。因此，根据对本数据库两期内的观察，供应商网络行业属性较大幅度的变化往往带来创业企业较低的业绩表现，而保持行业属性的稳定性，则可能促进创业企业绩效水平的提高。

6.3.3　商业模式创新对供应商网络演化的影响

无论是供应商网络在供应商数量还是行业属性上的变化，都体现出企业的战略构想抑或商业模式设计。企业是否想要更换供应商，从而降低对既有供应商的依赖，塑造相对于供应商的非对称地位优势；或者想要设计引入来自其他行业的供应原材料、零部件从而实现技术创新与产品创新，这些导致供应商网络变化的源泉往往与企业的商业模式设计有关。因此当我们想要溯及供应商网络变化的诱因，商业模式创新设计是一个适宜的切入点。

依据商业模式在两个维度上的创新将本数据库的创业板上市企业划分为高度创新、适度创新和没有创新三个组，这一分组与 6.2.3 节进行客户网络变动分析时所做分组一致。通过对创业板上市企业在效率和新颖两个维度的分组与供应商网络变化进行方差分析，发现上述分组在表现为供应商数量变化的网络变动上展现出组间差异性。从效率维度来看，商业模式创新程度不同的组别在企业上市当年供应商数量变动上（$F = 2.584$，$p = 0.067$）以及下一年供应商数量变动上（$F = 3.492$，$p = 0.033$）均表现出显著差异，如图 6 – 13 所示。就企业上市当年供应商数量变动而言，高度创新组在企业挂牌当年的供应商数量变动平均值最高为 6.620，高于适度创新组的 5.503 和低度创新组的 4.338。就企业上市下一年供应商数量变动而言，高度创新组的供应商数量变动平均值最高为 6.939，高于适度创新组的 6.724 和低度创新组的 5.248。

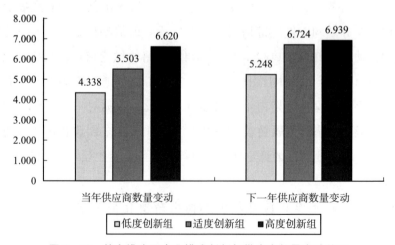

图 6 – 13　效率维度下商业模式创新与供应商数量变动关系

上述数据结果表明，随着创业企业的成长，其在商业模式效率维度的高度创新会带来企业成长过程中供应商的较大幅度变化。主要的原因在于，企业商业模式在效率维度的创新核心内涵在于企业打通供应链上下游参与者之间的链条，促进多参与者之间的信息透明、交易简单、效率提升，最终实现企业"成本—价值"结构的系统性优化。这种效率型商业模式创新需要供应商紧密配合企业对"成本—价值"结构的优化设计，匹配其所倡导的信息导向的简化交易、提高效率的运营模式，因而企业往往要对供应商网络从构成内容上作出调整。

从新颖维度来看，商业模式创新程度不同的组别在企业上市下一年供应商数量变动上（$F = 2.747$，$p = 0.050$）表现出显著差异，如图 6-14 所示。我们没有找到这一分组在企业上市当年供应商数量变动上的显著差异。就企业上市下一年供应商数量变动而言，适度创新组在企业挂牌当年的供应商数量变动平均值最高为 6.583，高于高度创新组的 6.125 和低度创新组的 5.492。这说明，创业企业在新颖维度的商业模式创新与供应商数量变化呈现倒 U 型关系，当创业企业未能作出创新时，企业的供应商变化较小；随着创新程度提高，供应商变化加剧；但当商业模式高度创新时，供应商变化幅度下降，企业逐渐收敛供应商变化规模。

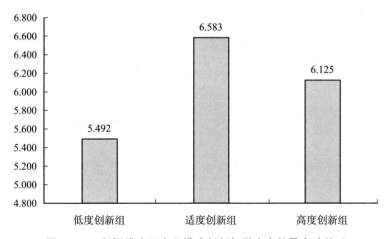

图 6-14　新颖维度下商业模式创新与供应商数量变动关系

造成这一结果的原因可能在于，新颖维度的商业模式创新强调引入新参与者与新交易关系，而在企业以跨组织边界交易关系内容与结构为基本内涵的商业模式架构中，供应商是重要的参与者，通过引入供应商类参与者实现新颖型商业模式创新更可能带来供应商数量的变化。但是，考虑到商业模式创新的影响延伸拓展至创业企业上市后时期，高度的创新更需要在供应商网络关系中突出对新引入供应商交易关系的设计、新激励方式的安排、新联合专利的研发投入等，这就使得单纯更换供应商不再是匹配新颖型商业模式创新的核心与重点，从而将研究重心转变为供应商网络内部的治理安排。

沿着时间维度纵向审视商业模式创新对供应商数量变化的影响，我们发现效率维度商业模式创新连续两年影响供应商网络变化，但其影响效果存在差异。具体而言，上市初期在效率维度高度创新的创业企业上市当年供应商数量变动平均值为 6.620，而在下一年年底供应商数量变动平均值为 6.939。而上市初期在新颖维度创新的创业企业，其上市当年供应商数量变动并不存在组间差异，在企业上市下一年才显现出供应商数量变动的显著差异。这表明商业模式创新效应的释放存在时间性，初期成长的新创企业尚需要时间调试供应商与商业模式间的匹配。随着商业模式创新越来越被跨组织边界交易伙伴认可，通过市场的检验，创业企业更有信心搜寻、筛选供应商以形成与企业商业模式的适配，使得商业模式包含的供应商这一类系统参与者更有助于降低"成本—价值"结构的成本，提高系统性效率。供应商也越来越感受到接入创业企业商业模式的价值，同时企业也具有内在动力不断实现供应商与商业模式的匹配。因此，高度创新的创业企业更可能带来供应商网络的变化。

6.3.4 商业模式平衡创新路径对供应商网络演化的影响

依据商业模式在效率和新颖两个维度的平衡创新路径所进行的分组样本，在供应商网络变动上也表现出一定的差异性。具体而言，商业模式不同的平衡创新路径在企业上市当年（$F = 2.867$，$p = 0.032$）和下一年（$F = 2.552$，$p = 0.056$）供应商网络变动数量上均表现出显著差异，如图 6 – 15 所示。就企业上市当年来看，效率主导组在企业上市当年供应商变动的平均数量最高为 6.724，显著高于高水平平衡组的 6.443、新颖主导组的 5.923 和低水平平衡组的 5.741。就企业上市下一年来看，高水平平衡组在企业上市下一年供应商变动的平均数量最高为 6.854，高于效率主导组的 6.617、新颖主导组的 6.348 和低水平平衡组的 6.105。

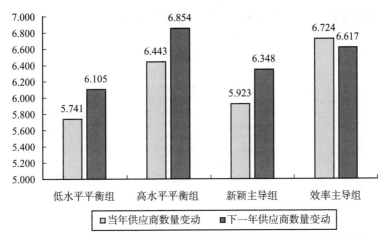

图 6 – 15 创业板企业商业模式平衡创新与供应商网络变化特征差异

总体来看，创业企业沿着效率和新颖两个维度实现平衡创新的不同路径，会在供应商网络变化上呈现差异化。就创业企业上市当年来看，商业模式创新表现为效率主导的创业企业，其供应商变动数量最高。造成这一结果的原因是创业企业在新颖维度的创新尚无法在上市当年即对供应商变化产生影响，导致以效率为主导的商业模式创新更可能调动供应商数量的变化以匹配商业模式创新。而在效率和新颖维度，同时实现低度创新的新创企业，更能够保持供应商网络的稳定性。

就创业企业上市下一年来看，商业模式创新表现为效率和新颖两个维度同时的高水平创新时，创业企业更可能作出调整供应商数量的决策以匹配商业模式创新。这意味着，当创业企业意欲在效率和新颖两个维度并行创新时，效率优势与新颖优势的互动，使得供应商网络需同时符合效率与新颖维度对商业模式参与者的需求。一方面，开展效率维度的商业模式创新，创业企业要搜寻能够配合创业企业打通上下游，为了与参与共享信息、简化交易而开展系统性变革的供应商，同时也需要供应商配合企业的商业模式；另一方面，创业企业要研发新技术、开发新产品也需要供应商参与企业的创新活动，这就要求创业企业要调整能够匹配企业创新需求的供应商，并以新治理方式维系与供应商的关系。这意味着，适时调整的供应商网络才能够支持效率与新颖维度高水平平衡创新。

第7章 主要研究结论与管理启示

利用创业板上市企业联盟网络数据库中 448 家创业企业的调查数据，我们重点分析了企业领导班子（董事会与高管团队）特征、商业模式创新对于创业板上市企业联盟网络的影响，基于数据分析结果，我们提炼出一些重要的结论、启示和建议。

7.1 高管团队规模是影响创业企业联盟网络构建差异的重要原因

构建联盟网络已成为企业战略规划的核心。这种战略的制定和实施很大程度上依赖于企业的高层管理团队。正因为此，我们发现高管团队规模是扩大联盟网络规模以及实现创业网络资源多样化和创业功能多样化的重要前因。

第一，高管团队规模较大的企业更可能构建规模较大的联盟网络。高管团队规模更能够发挥信息与知识的规模效应。大规模的高管团队能够通过社会网络引入多样化的信息和知识，对企业联盟网络构建至关重要。同时，高管团队的规模扩大还能带来更广泛的社会资本，可用于发展战略资源和联盟网络的发展和建立。

第二，高管团队规模较大的企业其创业网络资源多样性越强，而高管团队规模较小的企业的创业网络资源多样性较弱。组织依赖外部资源，并因此采取策略获取资源以降低不确定性。资源依赖理论指出,高管团队规模直接影响企业获取外部资源的能力。而规模较大的高管团队通常具有广泛行业联系和深厚市场洞察力,有助于企业获得关键资源如资金、技术、信息和人才。

第三,大规模的高管团队更能实现企业创业网络功能的多样性。规模较大的高管团队能够带来丰富的知识、技能和经验,为企业提供广泛资源和能力。多元化的团队成员由于有不同行业联系、市场洞察和技术专长,可有效转化为更多样的创新网络功能。同时,社会资本的增加同样可以提高创业网络的功能多样性,大规模的高管团队拥有广泛人脉网络,可提供多元化信息、资源和支持。此外,组织学习理论指出,组织的学习和创新能力取决于其成员的多样性。规模较大的高管团队的成员行业多样性、知识异质性可以促进创新思维和创造性解决方案的产生。这种多样性不仅增加了内部的知识和创新能力,也可以通过网络外部的联系带来新的观点和信息,进一步增强网络功能的多样性。

因此,创业企业适度扩大高管团队规模,能够在企业的知识管理和联盟网络建设中发挥多方面的正向效应,形成联盟网络的扩张、创业网络资源多样性和功能多样性的提高,可以更好地捕捉市场机会,促进技术创新,加强与其他组织的合作,从而在激烈的市场竞争中占据有利地位。

7.2 高管团队的经验结构是影响创业企业联盟网络构建差异的重要原因

高管的先前经验塑造了他们的感知,进而成为决策和行动的关键因素。他们在团队管理上的不同表现反映了各自独特的知识和认知框架。此外,职业背景对他们的价值观和个性的影响,导致决策过程中明显体现出"管理者效应"。他们在建立个人网络关系,无论是内部担任董事还是外部联合任职,以及在前任工作中累积的经验,都会使得企业构建的联盟网络展现出结构和内容上的差异。

1. 高管团队的先前经验影响创业企业联盟网络

第一，高管团队先前经验丰富的企业更可能构建规模较大的联盟网络，而高管团队先前经验较弱的企业则在扩大联盟网络规模上存在局限。高管的丰富经验不仅为企业累积了难以模仿的知识和技术资源，促进了快速有效的行动和新机会的探索，而且还强化了企业的竞争优势。这种经验让高管更擅长构建和维护稳固的联盟网络，通过借鉴先前的成功与失败经验，他们能更有效地获取行业信息、满足顾客需求、建立合作关系，从而在伙伴关系的拓展与合作挑战的应对中表现出更大的信心和能力。因此，经验丰富的高管团队能更有效地利用已有知识和资源，以影响力更大的方式发展联盟网络，而经验不足的高管团队在这方面则可能遇到挑战。

第二，高管团队先前经验丰富的企业其创业网络资源多样性较强，而高管团队先前经验较弱的企业的创业网络资源多样性较弱。高管团队先前经验丰富的企业能够利用其广泛的知识和人脉建立多元且广泛的创业网络。由于过去积累了大量的资源和联系，能够与各领域和背景的合作伙伴建立关系，从而增强企业网络资源的多样性。相反，先前经验较少的高管团队在构建多样化的创业网络上可能遇到挑战，因为他们可能缺乏足够的人脉、资源利用能力和跨领域合作的洞察力，导致在资源获取和网络资源的多样性上受限。

第三，高管团队先前经验丰富的企业其创业网络功能多样性较强，但高管团队先前经验对创业网络功能多样性的影响可能存在一定的临界值，超过这一临界值创业网络功能多样性可能会下降。最初，高管团队利用其丰富经验增强了创业网络的多样性和活力，通过广泛利用知识和资源扩大伙伴网络。然而，随着经验的持续积累，可能达到一个临界点，过多的经验导致思维惯性和偏见，抑制了创新和多样性，使得高管团队对网络功能多样性的正向影响逐渐减弱，形成倒 U 型效应。这表明，虽然行业经验丰富的高管对产品和流程有深刻理解，但长期的同行业工作可能限制了思维的广度，导致经验惯性。

因此，高管团队的经验水平在很大程度上塑造了企业的联盟网络规模、创业网络资源多样性和功能多样性。创业企业高管团队在组建的过程中，可适当吸纳先前经验丰富的人员，提升高管团队整体经验水平，经验丰富的团队能够借助其广泛的资源和人脉，构建多元化的创业网络，为企业带来更广阔的发展机会。但在管理实践中需要注意的是，高管团队的先前经验水平过高可能在某种程度上限制了创新和洞察力的发挥，进而影响了企业的竞争优势。

2. 高管团队的对外任职影响创业企业联盟网络

第一，高管团队对外任职较多的企业更可能构建规模较大的联盟网络，但高管团队对外任职对联盟网络的影响可能存在一定的临界值，超过这一临界值联盟网络规模可能会下降。高管团队对外任职可以显著扩展其社会网络的范围和深度。通过接触更多行业内外的人士和组织，增加潜在合作伙伴，为企业带来更多资源、信息和商业机会。同时，社会资本理论强调了信任和共享规范的重要性。高管团队通过外部任职可以增强个人及企业声誉，促进信任积累，降低合作不确定性，助力联盟网络建设和扩展。这些对外任职提供了把社会资本转为经济资本的机会。然而，高管的过度外聘可能分散了对本企业关注，影响企业对联盟机会的识别和利用能力。

第二，高管团队对外任职能够显著增强创业网络资源多样性。首先，高管团队对外任职可以扩大企业的社会资本，拓宽企业的资源和信息渠道，这种原有社会网络以外的资源和信息能够形成多样化和互补性的资源，如不同行业的知识、技术或市场机会。其次，高管的外部职位促使企业网络结构更加多元和复杂。网络理论指出，网络结构的多元化有助于提高企业适应环境变化的能力，并增加资源获取的机会。最后，高管团队的对外任职有助于促进信息流通和知识共享。高管能将外部网络的新知识和信息引入企业，促进内部创新和决策质量的提升。同时，高管对外任职还可以增强企业与其他组织之间的信任，为长期合作和更多联盟机会奠定基础。

第三，高管团队对外任职多的企业其创业网络功能多样性较强，而高管团队对外任职较少的企业其创业网络功能多样性较弱。首先，高管团队的对外任职为企业开辟了获取关键外部资源的新渠道，特别是企业难以直接接触的领域，增强了创业网络的功能多样性。其次，高管团队的对外任职促进了知识和经验的交流，不仅丰富了企业的内部资源，还提高了其在创业网络中的作用，增加了网络功能的多样性。最后，高管团队的对外任职可以促进新的商业关系的建立，有助于拓宽企业的创业网络，并增加网络中可利用的资源种类。

因此，高管团队对外任职对创业企业联盟网络有着深远影响。创业企业高管团队可适当争取对外任职的机会，来增加新的商业机会，促进与其他组织的合作。但需要把控好高管团队对外任职的数量和质量，对外任职的每个角色都需要投入时间和精力来维护和发展关系，过多的任职意味着每个角色得到的关注和维护都会减少，这可能削弱与任何单一组织的关系质量，不利于联盟网络的形成的构建，因此在管理实践中要充分考虑高管团队对外任职的数量，控制在合理的范围内以保证创业企业的良性发展。

7.3 董事会成员的个人属性和集体行为是影响企业联盟网络构建差异的重要原因

作为公司最高决策层，董事会及其成员利用其广泛的社会关系网络在行业内外获取信息、投资和合作机会，这有利于企业构建稳固的联盟网络并扩大其边界。正因为此，我们发现董事会的规模、持股比例以及董事会成员的先前工作经验（包括行业经验和职能经验）以及任职情况等因素共同影响着创业企业联盟网络。

1. 董事会成员的规模影响创业企业联盟网络

第一，董事会规模较大的企业更可能构建规模较大的联盟网络。大型董事会因其成员多样性，覆盖不同行业和背景，更易于建立广泛的合作关系，为企业拓宽联盟网络。联盟网络为企业提供了更广泛的资源共享平台降低了企业成本。同时，联盟网络规模的扩大为企业提供了知识技术创新和提升的机会。在联盟网络中，企业可以与合作伙伴共同进行技术创新和研发，分享知识和经验，从而提升自身的技术水平和创新能力。此外，联盟网络规模扩大同样为企业提供了更广阔的市场机会。通过与联盟伙伴的合作，企业可以进入新的市场领域，扩大市场份额，提高品牌知名度和影响力。

第二，董事会规模较大的企业其创业网络资源多样性、功能多样性更强。较大规模的董事会带来背景与经验的多样性，为创业企业提供广阔的视野和丰富资源。这种多样化确保了企业能从不同领域获得专业知识和经验，获取多元化的建议和支持，增强资源获取能力。同时，大型董事会拥有广泛的社会网络，便于企业拓展社交范围，与众多合作伙伴建立联系，这些伙伴能提供多样的资源，如人力、技术和市场资源，进一步丰富企业的资源储备。

2. 董事会成员的持股比例影响创业企业联盟网络

第一，董事会持股比例较小的企业更可能构建规模较大的联盟网络。低持股比例意味着权力分布较为均衡，决策更趋向于共识。由于决策更为高效，公司更愿意与其他实体合作，以促进创新和资源共享。而持股比例较高可能导致决策偏向特定利益，抑制了合作偏好，从而影响联盟网络的规模和范围。

第二，董事会持股比例较小的企业其创业网络资源多样性、功能多样性更强，而董事会持股比例较大的企业的创业网络资源多样性、功能多样性较弱。持股比例较高可能导致其更加专注于企业内部事务，致力于实现股东利益最大化，减少外部董事职位的担任。这可能限制了企业获取外部信息和资源的能力，从而降低了创业网络资源多样性和功能多样性。而较低的董事会持股比例可能会鼓励董事增加外部任职，寻求外部合作，从而为企业带来更广泛的资源和信息，促进创业网络资源多样性和功能多样性。

因此，对于创业企业来说，实现董事会权力的均衡分布至关重要。持股比例较低的董事会成员更能促进更民主和高效的决策过程，从而有利于构建更大规模的联盟网络。因此，企业在设计董事会结构时应考虑到权力分配的均衡性，避免过度集中的股权结构，以促进更广泛的合作关系和联盟网络的拓展。对于那些董事会持股比例较小的企业，应充分利用这一优势，鼓励董事们寻求和利用外部机会，增加外部任职，鼓励董事会成员积极参与外部合作，寻找新的合作伙伴、技术和市场机会。这不仅可以带来更丰富的资源和信息，还能提高企业的市场敏感性和适应能力。对于持股比例较高的董事会，企业应考虑通过拓展外部董事的任职或引入独立董事来平衡内部和外部的视角，增强资源的多样性。通过适当的股权结构设计和董事会成员的多元化，企业能够更好地适应市场变化，促进创新和合作，从而在竞争激烈的市场环境中取得优势。

3. 董事会成员的先前工作经验影响企业联盟网络

第一，董事会平均曾任职单位数多的企业更可能构建规模较大的联盟网络。董事会成员曾在多个单位任职的情况通常预示着更广泛的视野和洞察力。这种经历赋予他们创新能力，对联盟网络规模的扩大和长期发展至关重要。其工作经验不仅丰富了个人履历，也积累了丰富的社会关系，塑造了可调用的社会资本，有助于拓展联盟网络规模。

第二，董事会平均曾任职单位数多的企业其创业网络资源多样性、功能多样性更强。一方面，丰富的行业经验能使董事会成员把握多样性的业务机会，同时获取不同领域的知识和信息，与来自不同行业和领域的合作伙伴建立联系。这不仅有助于拓展企业的业务范围，还能增强创业网络合作伙伴关系的多样化。另一方面，丰富的行业经验有助于企业更好地理解行业趋势、市场动态和公司内部运作，强化企业治理机制。还有助于为良好的商业关系建立信任、合作和共享的基础，从而带来多方面的资源共享的好处，伙伴成员间相互弥补不足，提高整体效率和竞争力。

因此，上述结论可能对创业企业有以下管理启示。一是加强董事会成员的多元化。企业应重视董事会成员的多样性，特别是他们的行业和工作背景。拥有丰富多元经历的董事会成员能够为企业带来新的思维方式和创新观点，这对于扩大联盟网络和促进长期发展至关重要。因此，企业在挑选董事成员时，应考虑其在不同行业或岗位上的经验，以及他们能够带来的独特视角和社会资本。二是充分利用董事会成员的社会网络。董事会成员的社会联系和经验可以为企业打开多元化的资源和机会之门。企业应激励董事会成员利用其社会网络，来吸引来自不同领域的人才、信息和资源。这不仅可以丰富企业的创业网络机会，还有助于企业适应多变的商业环境，降低特定行业或市场的风险。三是鼓励促进跨领域合作伙伴关系。董事会成员的丰富行业经验和社交网络可以促成与不同行业和领域的合作伙伴关系。企业应鼓励董事会成员在其专业领域内外寻求合作机会，以拓展业务范围和增强创业网络的多样性。这种跨领域的合作有助于企业发掘新的市场机会和进行技术创新，从而提高竞争力。四是进一步发挥董事会成员的信息优势。董事会成员通过其广泛的社交圈和行业经验，能够为企业带来关键的市场洞察和战略信息。企业应充分利用这一优势，通过董事会成员获取市场趋势、行业动态和创新机会的信息。这将有助于企业在资源获取、信息流动和知识分享方面实现多样化，进而推动企业整体发展。

4. 董事会成员的对外任职情况影响企业联盟网络

第一，董事会成员对外任职多的企业更可能拓展联盟网络规模。董事的多元外部参与使他们能从各自的网络中带来信息和资源，丰富的信息和资源往往代表着更广阔的视野和深刻的洞察力，对于拓展联盟网络尤为关键，这样的互动能够有效匹配企业资源需求与潜在合作伙伴的供给，从而促进联盟网络的成长和扩展。

第二，董事会成员对外任职多的企业更可能提升创业网络资源多样性和功能多样性。董事会外部董事任职较多的企业通常拥有更多元的创业网络资源。这些董事在其任职公司通常处于较高地位，参与管理层、董事会或行业协会，使得他们能够跨越不同领域，建立起跨行业、跨领域的联系，有助于开拓新的商业机会和建立广泛的合作伙伴关系。

因此，上述结论可能对创业企业有以下管理启示。一是鼓励董事会成员的跨界参与。企业应积极鼓励董事会成员在外部企业或行业组织中担任职务。这样的跨界参与不仅能拓宽他们的视野，还能带来更广泛的业务联系和资源。这些外部联系为企业提供了更多的合作机会和信息流，有助于在不同领域和市场中建立更强大的联盟网络。二是充分利用外部董事的多元资源。拥有在不同领域任职经验的董事会成员能为企业带来丰富的资源和信息。企业应充分利用这些董事的外部联系，以获取不同行业和领域的资源，从而丰富自身的创业网络资源。这种资源的多元化可以帮助企业更有效地探索新的商业机会和建立广泛的合作伙伴关系。三是建立跨行业的合作伙伴关系。企业应重视与外部董事的合作关系，利用他们的经验和社会网络建立跨行业合作。这种跨界的合作关系能够提供新的市场机会和创新的解决方案，加强企业在不同市场的竞争力。

7.4 商业模式创新具有客户网络效应

新商业模式会引发创业网络的演化和更新，推动价值创造和外部利益相关者的交易方式的革新，并诱发合作伙伴的特征及互补性结构的变化。效率维度的商业模式创新降低了交易成本、提升了企业与客户之间的交易效率，而新颖维度的商业模式创新则通过提供独特的价值加强了客户的依赖，对于巩固企业客户网络关系产生了正面效果。

1. 商业模式创新影响客户网络的结构演化

初上市的创业企业在商业模式创新中有不同的需求。新颖维度的创新要求企业对客户网络作出较大幅度的调整，以适应新型价值属性；而效率维度的创新则需要适度的客户网络调整。商业模式创新意味着引入新参与者、建立新交易关系或激励方式，这可能驱使企业调整客户网络。虽然客户在商业模式中仅是众多参与者之一，但将客户视为关键的价值共创者并吸纳他们参与创新过程，能够显著地转变客户网络。在效率方面，适度的小幅创新需要大幅调整客户网络以适应，但随着创新程度提高，企业需要相对稳定的客户网络支撑。效率维度的创新使企业在不改变行业产品或服务价值逻辑的情况下降低系统性成本，这关乎参与者成本而非企业自身成本。高度商业模式创新能够降低客户参与成本，增强客户参与企业商业模式的联结，从而稳定客户网络。

因此，在管理实践中，一是灵活调整客户网络以适应新颖性创新。当创业企业进行新颖维度的创新时，通常需要对客户网络进行较大幅度地调整。这是因为新颖性创新往往涉及新型价值属性的引入，可能要求企业寻找新的客户群体或改变与现有客户的互动方式。为此，企业需要灵活地识别和吸引那些适应新商业模式的客户，同时可能需要削减与旧模式更匹配的客户关系。二是适度调整以支撑效率维度的创新。在效率维度的创新中，创业企业可能需要对客户网络进行适度调整。这种创新通常不涉及根本性的商业模式变革，而是旨在通过优化现有流程和技术来降低成本。在这种情况下，维持相对稳定的客户网络有助于保持业务的连续性和效率。三是在创新与网络稳定性之间寻找平衡。随着创新程度的提高，企业需要在追求创新和维护客户网络稳定性之间找到平衡。尤其在高度创新的情况下，企业需要确保新的商业模式能够在不牺牲客户网络稳定性的前提下实现。

2. 商业模式平衡创新路径影响客户网络

初上市的创业企业面对高水平效率和新颖度的商业模式创新时，客户网络需要大幅调整以适应新模式的需求；相反，如果在这两个维度上都表现不佳，企业可能会保持现有的客户网络结构。效率优势通过削减成本形成，而新颖优势则通过创新活动、新参与者和交易方式来打破行业规则，创造竞争优势。高水平平衡的创新能利用信息优势，提升与客户及其他参与者的匹配效率，使新客户接入不受高成本或障碍限制。同时，通过新的价值活动、交易方式和激励措施，这种平衡创新能激活多元关系，形成动态调整和多元收入结构，更倾向于驱动企业调整客户群体，推动客户网络演变。

因此，在管理实践中，创业企业在实施高效率和高新颖度的商业模式创新时，应灵活调整其客户网络。这种调整可能意味着放弃一些现有的客户关系，同时建立新的客户联系，以更好地适应新商业模式的需求。同时，创业企业应在追求效率优势和新颖优势之间找到平衡。通过有效地结合这两种策略，企业可以同时降低成本和增加独特性，从而在激烈的市场竞争中脱颖而出。此外，在创新的驱动下，创业企业应持续推动客户网络的演变，以适应市场和技术的变化。这可能包括定期评估客户需求的变化，更新产品或服务的组合，以及寻找新的市场机会。

7.5 商业模式创新具有供应商网络效应

供应商所属行业彰显了企业价值活动经由资源外取方式实现的商业模式选择，行业范围越广，说明供应商网络广度越高，企业越能够调用多行业的供应商进行资源活动与价值活动实施，以增强商业模式引入新参与者、实施新交易活动的可能。且在供应商网络行业属性上保持稳定性的创业企业往往具有较高的绩效水平。而企业是否想要更换供应商，从而降低对既有供应商的依赖，塑造相对于供应商的非对称地位优势；或者想要设计引入来自其他行业的原材料、零部件从而实现技术创新与产品创新，往往与企业的商业模式设计有关。

1. 商业模式创新影响供应商网络的结构演化

商业模式创新的效应会随时间释放。最初阶段，新兴企业需要花时间来调整与供应商的配合。随着创新被其他组织认可并在市场上得到验证，企业更有信心选择与自身商业模式相匹配的供应商，从而降低整体成本，提高效率。这种变化促使参与企业商业模式的供应商意识到接入该模式的价值，同时企业也积极寻求与供应商更好的匹配。因此，高度创新的企业更有可能引起供应商网络的变革。

因此，在管理实践中：一是要重视初期和市场验证后的供应商调整与选择。二是要促进供应商对商业模式的接受。创业企业需要通过有效的沟通和协作，促使供应商认识到参与新商业模式的价值。这可能包括共享市场数据、展示创新成果的潜在益处，或者合作开发新的供应链解决方案。这样的合作不仅增强了供应商的信任和承诺，还能促进整个供应链的创新和效率提升。三是要积极寻求与供应商更好的匹配。随着创业企业的商业模式不断发展和成熟，企业应持续寻求与供应商的更好匹配。这可能涉及更换不适合的供应商、发展新的供应商关系，或深化与现有供应商的合作。这种积极的匹配策略有助于确保供应链的灵活性和响应速度，以支持企业的持续创新和市场需求的变化。

2. 商业模式平衡创新路径影响供应商网络

创业企业的创新在新颖维度上往往不会在上市初期对供应商造成影响，这使得以效率为主导的商业模式创新更可能引起供应商数量的变化，以适配创新的商业模式。相比之下，在效率和新颖维度上同时低度创新的新兴企业更能保持供应商网络的稳定性。然而，当企业同时在效率和新颖维度上创新时，供应商网络需要同时满足这两个维度对商业模式参与者的需求。这意味着企业需要找到能够支持上下游沟通和参与共享信息、简化交易的供应商，并且这些供应商也需要与企业商业模式相配合。同时，企业需要供应商参与创新活动，因此需要调整与企业创新需求相匹配的供应商，并采用新的治理方式来维系与供应商的关系。这表明，适时对供应商网络进行调整能够更好地平衡商业模式在效率和新颖维度上的创新。

因此，在管理实践中，对于以效率为主导的商业模式创新，企业可能需要调整其供应商数量以更好地适应新的商业模式。这可能意味着选择成本更低、效率更高的供应商，或者调整现有供应商的订单数量和频率以适应新的生产和运营需求，或保持低度创新时的供应商网络稳定性；当企业在效率和新颖度上都进行低度创新时，保持现有供应商网络的稳定性是可行的。这种情况下，供应链的变动可能较小，因为商业模式的变化不足以引起供应链结构的重大调整；当企业同时在效率和新颖维度上创新时，供应商网络需对这两个维度的需求进行满足。这要求企业寻找既能支持高效运作又能适应创新需求的供应商。这种供应商可能具备更强的技术能力、更灵活的生产过程和更高的协作意愿。同时，还要调整供应商以匹配创新需求。企业需要调整其供应商网络，以确保与企业的创新需求相匹配。这可能包括引入具备特定的技术能力或创新能力的新供应商，或者修改与现有供应商的合作方式，以更好地支持创新活动。

附录A 创业企业联盟组合数据库编码工作手册

第一部分 战略联盟公告

一、联盟基本情况

1. 企业股票代码 ［填空题］

_____

2. 企业名称 ［填空题］

_____

3. 企业所从事的业务 ［填空题］

_____

4. 联盟对象企业名称 ［填空题］

_____

5. 联盟对象企业所从事的业务 ［填空题］

_____

6. 焦点企业所属体制属性是_____ ［填空题］

7. 类型（   ）［单选题］

○ 体制内   ○ 体制外

8. 联盟对象企业所属体制属性是_____ ［填空题］

9. 类型（   ）［单选题］

○ 体制内   ○ 体制外

提示：体制内组织为党政机关、政府部门、事业单位、央企国企、大学、科研机构；体制外组织为外资企业（独资）、合资企业、私营企业、集体企业。

10. 联盟开始时间［填空题］

_____

11. 联盟终止时间［填空题］如果没有，写"无"。

_____

12. 该联盟是否为 PPP 项目（公私合营模式）［单选题］

○ 是　　　　　　　　○ 否

回答"是"，则继续回答第 12.1 ~ 12.8 题；回答"否"，跳转第二部分。

12.1　项目领域：

○ 基础设施建设　　○ 环保　　　　　　○ 教科文卫体

12.2　是否成立联合体（联合公司）

○ 是　　　　　　　　○ 否

12.3　政府部门是否为联合体成员

○ 是　　　　　　　　○ 否

12.4　协议形式：

○ 投资协议　　　　○ 特许经营协议

12.5　合作模式：

○ BOT　　　　　　○ BOO（建设 – 拥有 – 运营）

○ DBFO　　　　　○ DBO　　　　　　○ DBFOT

12.6　合作期限_____年

12.7　政府参与方式：

○ 土地出让　　　　　　　　　　○ 专项补贴

○ 土地征收，拆迁，安置，补偿　　○ 税费优惠

12.8　项目制度安排：

○ 财政拨款（政府购买）　　　　　　○ 特许经营

○ 合同承包   ○ 政府补贴

二、关于风险与不确定性

13. 该联盟存在的不确定性类型为（   ）［单选题］
○ 市场不确定性   ○ 合作模式（收入模式）不确定性
○ 合同实施不确定性   ○ 技术不确定性   ○ 资金不确定性

提示：谈到所涉及市场领域的发展状况、市场容量、购买力等，属于市场不确定性。由于双方合作模式、分成模式不确定导致收入规模等无法估算，属于合作模式不确定性。项目实施过程中可能存在合作规划、合作目标及合作方式无法达成一致的可能，属于项目实施的不确定性。关于双方合作涉及的技术存在变革、改进趋势等方面的不确定性，为技术不确定性。若合作方存在融资、担保、资产重组、债务处理等而引发的问题，为资金不确定性。

三、关于联盟合作

14. 该联盟所涉及的联盟活动是（   ）［多选题］
□ 供应   □ 生产   □ 研发
□ 营销   □ 政策审批   □ 其他

提示：政策审批专指企业与政府建立联盟，政府一方协助进行各方面程序、文件的审批。

15. 该联盟中联盟伙伴提供给焦点企业的资源为（   ）［多选题］
□ 设备、原料等物质资源   □ 生产资源
□ 技术资源   □ 市场资源   □ 政治资源

提示：设备、原料等物质资源包括联盟方提供的厂房、设备、原材料、零部件、可供代理的产品等。生产资源包括联盟方提供的关于生产运营的经验、培训、指导等。技术资源包括联盟提供的各种技术援助，如专利、技术咨询、图纸等。市场资源包括联盟方的地域资源、市场网点、销售渠道、营销经验等。政治资源是指联盟方与政府的关系，能够协调政府文件审批等。

16. 该联盟中焦点企业提供给联盟伙伴的资源为（　　）〔多选题〕

　□ 设备、原料等物质资源　　　　　　　□ 生产资源

　□ 技术资源　　　□ 市场资源　　　□ 政治资源

提示： 划分标准同上。

17. 该联盟中焦点企业以何种方式向其联盟伙伴学习？（　　）〔多选题〕

　□ 培训课程　　　□ 现场指导　　　□ 提供技术专利

　□ 提供人才支持　　　□ 其他

提示： 填写其他请记录学习方式。

18. 该联盟中焦点企业以何种管理方式吸收联盟合作伙伴的新知识？
（　　）〔多选题〕

　□ 成立合资公司　　　□ 成立管理部门　　　□ 成立管理小组

　□ 设立相应的人员　　　□ 其他

19. 该联盟中以何种流程来分析从联盟伙伴获得的信息？（　　）〔单
选题〕

　○ 过程管理　　　○ 权利义务　　　○ 没有流程

提示： "过程管理"，即开展项目的实施过程；仅对联盟中双方或多方
的责权利做一说明，为"权利义务"；未作关于过程、责权利的任何说明，
为"没有流程"。

20. 该联盟对焦点企业影响预期（　　）〔多选题〕

　□ 供应　　　□ 生产　　　□ 研发

　□ 营销　　　□ 政策审批

提示： 参考《战略联盟公告》中"上述合同对公司的影响"。

**上述四个问项（17～20）用于衡量跨组织学习，这是联盟管理能力的
其中一个维度。**

原文献：Schilke O, Goerzen A. Alliance Management Capability: An Investigation of the Construct and its Measurement [J]. *Journal of Management*, 2010, 36 (5): 1192 – 1219.

21. 焦点企业所处的市场是什么？（　　　）［填空题］

22. 联盟所针对的市场是什么？（　　　）［填空题］

探索性联盟［单选题］——**针对每一个联盟进行判断**

23. 该联盟使我们进入新市场

○ 强烈认同　　　　○ 认同　　　　○ 不认同　　　　○ 强烈不认同

提示：通过焦点企业所处的主要市场和联盟针对市场的比较进行评判，若二者是完全不相关的，则为强烈认同；若二者是有一定的关联，如上下游或细分市场等从属关系，则为认同。若二者是完全一样的市场，如同业者之间的联盟，针对同一个行业、市场，为强烈不认同。

24. 该联盟实现了诸如研发等上游活动

○ 强烈认同　　　　○ 认同　　　　○ 不认同　　　　○ 强烈不认同

提示：若联盟是完全以技术研发为主的研发联盟（研发新产品），则为强烈认同；若联盟中包含双方的技术援助、技术交流等，则为认同；若联盟不涉及研发，而涉及产品生产等，为认同；没有任何关于技术、产品的内容，为强烈不认同。

25. 该联盟使我们公司用上新技术

○ 强烈认同　　　　○ 认同　　　　○ 不认同　　　　○ 强烈不认同

提示：评价联盟方所提供的技术是公司所不拥有，认为是强烈认同；若联盟方所具有的是公司拥有，但技术实力更强（如说明联盟方是该技术领域的领导者，拥有关键的、核心的技术能力等），则为认同。

开发性联盟［单选题］

26. 该联盟有助于减少新竞争的威胁

○ 强烈认同　　　　○ 认同　　　　○ 不认同　　　　○ 强烈不认同

提示：如果该联盟的联盟伙伴与焦点企业是竞争关系，则联盟的建立有助于减少新竞争的威胁。竞争关系通过焦点企业与联盟伙伴的业务重叠程度来判定，重叠程度高意味着竞争关系强，联盟的建立越有助于减少新竞争的威胁，越表现为强烈认同。

27. 该联盟让我们设置障碍阻碍新竞争

○ 强烈认同　　　○ 认同　　　○ 不认同　　　○ 强烈不认同

提示：联盟以多种方式提高市场进入障碍，如联盟促使焦点企业扩大规模、提高现有产品的技术难度、扩大地域市场范围、提高品牌影响力等，为强烈认同；仅提到上述情况中的一点，为认同。

28. 该联盟使我们现有产品进入新市场

○ 强烈认同　　　○ 认同　　　○ 不认同　　　○ 强烈不认同

提示：《战略联盟公告》中有说明，促进焦点企业现有产品进入新市场，如技术延伸应用的市场等，为强烈认同；促进焦点企业现有产品进入新的地域市场，为认同。仅在现有市场中渗透，为不认同。

上述两大问项分别用于衡量探索性联盟与开发性联盟。

第二部分　公 司 年 报

一、财务数据

1. 年度报告年份［填空题］

_____

2. 营业收入（单位：亿元）［填空题］

_____

提示：参考创业板上市公司《年度报告》"第二节　公司简介和主要财务指标"，其中营业收入是以元为单位，请转换为亿元。

3. 净利润（单位：万元）［填空题］

_____

提示：主要参考创业板上市公司《年度报告》"第二节　公司简介和主要财务指标"｜"归属上市公司股东的净利润"是以元为单位，请转换为亿元。

4. 经营活动产生的现金流量［填空题］

_____

提示： 主要参考创业板上市公司《年度报告》"第二节　公司简介和主要财务指标"|"经营活动产生的现金流量净额"是以元为单位，请转换为亿元。

5. 基本每股收益（单位：元）［填空题］

_____

提示： 主要参考创业板上市公司《年度报告》"第二节　公司简介和主要财务指标"|"基本每股收益"这一指标。

6. 净资产收益率［填空题］

_____

提示： 主要参考创业板上市公司《年度报告》"第二节　公司简介和主要财务指标"|"加权平均净资产收益率"这一指标。

7. 总资产（单位：万元）［填空题］

_____

提示： 主要参考创业板上市公司《年度报告》"第二节　公司简介和主要财务指标"|"资产总额"这一指标。

8. 企业在当期获得的政府补贴（单位：万元）［填空题］

_____

提示： 主要参考创业板上市公司《年度报告》"第二节　公司简介和主要财务指标"|"非经常性损益项目及金额"这一指标。

二、公司业务情况

9. 公司所从事的业务，请记录每一项业务及其在报告期的营业收入。

提示： 参考创业板上市公司《年度报告》"第四节　管理层讨论与分析"|"二、主营业务分析"|"2. 收入与成本"|"（1）营业收入"。

9.1　业务 1 的名称_____，营业收入金额_____，占营业收入比重_____

9.2 业务 2 的名称_____，营业收入金额_____，占营业收入比重_____

9.3 业务 3 的名称_____，营业收入金额_____，占营业收入比重_____

9.4 业务 4 的名称_____，营业收入金额_____，占营业收入比重_____

商业模式构成要素

选择主营业务编码商业模式构成，可根据分业务营业收入情况进行筛选，选择收入最高的作为主营业务。

供给要素情况：

10. 企业产品或服务的生产方式［单选题］

○ 标准化　　　　　　○ 一定程度定制化　　○ 定制化

提示：若产品的同质化程度高，采用流水线生产，则选择"标准化"；若产品的同质化程度低，不采用流水线生产，则选择"定制化"；介于两者之间，则选择"一定程度定制化"。有的业务描述直接注明有定制化或标准化。

11. 企业在产品或服务交付过程中的角色［单选题］

○ 产品制造或服务提供商　　　　　　○ 外包商

○ 许可证贸易　　　○ 经销商　　　　○ 增值经销商

提示：根据企业所从事的主营业务来判断。

12. 企业产品或服务的分销方式［单选题］

○ 直接分销　　　　○ 间接分销

提示：根据企业所从事的主营业务来判断。

市场要素情况：

13. 客户的地理分布［单选题］

○ 本地的　　　　　○ 区域性的　　　　○ 国际的

提示：根据报告期内排名前 5 名客户的所在地来判断，以"省"作为基本的地理单元。

14. 客户在价值链上的位置［多选题］

□ 原材料生产商　　　□ 产品制造商或服务提供商

□ 渠道商　　　　　　□ 最终的个体消费者

提示：根据报告期内排名前 5 名客户名称中所体现的业务类型来判断：实业公司多属于产品制造商或服务提供商；商贸公司多属于渠道商。

15. 企业市场特征［单选题］

○ 大众市场　　　　　○ 利基市场

提示：根据报告期内前 5 名客户名称中所体现的业务类型差异程度来判断，若业务类型差异大，则选择"大众市场"；若业务类型差异小，则选择"利基市场"。

内部能力要素情况：

16. 能够为企业带来竞争优势的核心能力是什么？［多选题］

□ 生产能力　　　　□ 营销能力　　　　□ 信息管理能力

□ 技术创新能力　　□ 金融投资能力　　□ 供应链管理能力

□ 关系网络能力

提示：根据创业板上市公司《年度报告》"第三节　公司业务概要"的核心竞争力分析来选择。

竞争战略要素情况：

17. 企业在哪些方面具有与众不同的竞争优势地位？［多选题］

□ 可靠性　　　　　□ 产品或服务　　　□ 创新领导力

□ 生产运营管理　　□ 客户管理

提示：根据创业板上市公司《年度报告》"第三节　公司业务概要"的核心竞争力分析来选择。

经济要素情况：

18. 收益来源［单选题］

○ 固定　　　　　　○ 柔性

提示：根据企业主营业务收入构成来判断，若主营业务收入来源单一，则选择"固定"；若主营业务收入来源多样化，则选择"柔性"。

19. 经营杠杆 ［单选题］

○ 低　　　　　　　　○ 中　　　　　　　　○ 高

提示：根据企业资产负债率大小来判断，低于 40% 选择 "低"；40% ~ 60% 选择 "中"；超过 60% 选择 "高"。

三、客户与供应商

提示：参考创业板上市公司《年度报告》"第四节　管理层讨论与分析" |"二、主营业务分析" |"2. 收入与成本" |"（8）主要销售客户和供应商情况"。

20. 请记录前五名客户的名称 ［填空题］

_____

21. 前五名客户合计销售金额占年度销售金额的比例 ［填空题］

_____

22. **焦点企业的客户分散程度** ［单选题］

○ 非常低　　○ 较低　　○ 一般　　○ 较高　　○ 非常高

提示：参考创业板上市公司《年度报告》"第四节　管理层讨论与分析" 部分。排名第 1 与排名最后的客户收入占比差距越大，则分散程度越低。该比例超过 13% 的分散程度非常高，超过 10% 但低于 13% 的分散程度较高，低于 6% 但高于 3% 较低，低于 3% 非常低。

23. **较上年企业前五名客户是否发生变化** ［单选题］

○ 是　　　　　　　　○ 否

提示：参考创业板上市公司《年度报告》"第四节　管理层讨论与分析" 部分。

24. 变动的客户数量是多少？［填空题］

_____

提示：参考创业板上市公司《年度报告》"第四节　管理层讨论与分析" 部分，依据近两年客户数量变量情况计数。例如，如果 2015 年前 5 名客户新增 1 名，则变动数计算为 2；如果新增 2 名，则变动数计算为 4；如果没有变化，计数为0。

25. 企业前五名客户收入占比情况 ［单选题］

　　○ 聚焦　　　　　　　　○ 分散　　　　　　　　○ 持平

提示： 参考创业板上市公司《年度报告》"第四节　管理层讨论与分析"部分，排名第一与排名最后的客户收入占比差距若显著加大（大于5%），则是聚集；若显著减小，则是分散；若变化不大（小于5%），则是持平。

26. 记录前5名供应商的名称 ［填空题］

_____

27. 前五名供应商合计采购金额占年度采购金额的比例 ［填空题］

_____

28. 焦点企业的供应商分散程度 ［单选题］

　　○ 非常低　　　○ 较低　　　　○ 一般　　　　○ 较高　　　　○ 非常高

提示： 参考创业板上市公司《年度报告》"第四节　管理层讨论与分析"部分。排名第一与排名最后的供应商供货量占比差距越大，则分散程度越低。该比例超过13%的分散程度非常高，超过10%但低于13%的分散程度较高，低于6%但高于3%较低，低于3%非常低。

29. 企业前5名供应商的行业数量 ［填空题］

_____

提示： 参考创业板上市公司《年度报告》"第四节　管理层讨论与分析"部分。

30. 较上年企业前5名供应商是否发生变化 ［单选题］

　　○ 是·　　　　　　　　○ 否

提示： 参考创业板上市公司《年度报告》"第四节　管理层讨论与分析"部分。

31. 企业前五名供应商变化数量 ［填空题］

_____

提示： 参考创业板上市公司《年度报告》"第四节　管理层讨论与分

析"部分。依据供应商较上一年变化情况计数，例如，如果 2015 年前 5 名供应商新增 1 名，则变动数计算为 2；如果新增 2 名，则变动数计算为 4。如果没有变化，计数为 0。

32. 企业前 5 名供应商供货量占比情况 ［单选题］

○ 聚焦　　　　　　　○ 分散　　　　　　　○ 持平

提示： 参考创业板上市公司《年度报告》"第四节　管理层讨论与分析"部分，排名第 1 与排名最后的供应商供货量占比差距若显著加大（大于 5%），则是聚集；若显著减小，则是分散；若变化不大（小于 5%），则是持平。

四、技术研发情况

提示： 参考创业板上市公司《年度报告》"第四节　管理层讨论与分析"｜"二、主营业务分析"｜"4. 研发投入"。

企业当期研发情况 ［填空题］

33. 研发人员数量_____

34. 研发人员数量占比_____

35. 研发投入金额_____

36. 研发投入占营业收入比重_____

37. 企业新获得的专利数量_____

38. 在企业新获得的专利中，发明专利数量_____

39. 在企业新获得的专利中，实用新型专利数量_____

40. 在企业新获得的专利中，外观设计专利数量_____

41. 企业新获得的著作权数量_____

提示： 关于研发情况，有的年报写在"管理层讨论与分析"的"技术创新情况"里面，有的写在"管理层讨论与分析"的"研发投入"里面。研发投入与营业收入的比例衡量 EO 中的 innovation 维度。若没有说明申请的专利数量，可在中国专利网查询。

五、投资与并购情况

42. 公司在报告期内的股权投资金额［填空题］_____

提示：参考创业板上市公司《年度报告》"第四节　管理层讨论与分析"｜"五、投资状况分析"，报告期内获取的重大的股权投资情况（合计金额）。

用上一年净利润减去当期对外股权投资/上一年净利润＝公司将收益再投资于公司，用来测量 EO 的 proactiveness 维度。

43. 公司在报告期内对外参股的企业［填空题］

_____

提示：参考创业板上市公司《年度报告》"第四节　管理层讨论与分析"｜"七、主要控股参股公司"，只记录参股公司。

44. 公司在报告期内对外并购的企业［填空题］

_____

提示：参考创业板上市公司《年度报告》"第五节　重要事项"｜"七、合并报表范围发生变化的情况说明"，记录非同一控制下并购的公司。

六、关联交易

45. 在与日常经营相关的关联交易中，公司在报告期内关联交易的

45.1　次数_____

45.2　金额_____

45.3　关联关系类型_____

46. 在资产或股权收购、出售发生的关联交易中，公司在报告期内关联交易的

46.1　次数_____

47.2　金额_____

47.3　关联关系类型_____

47. 在共同对外投资的关联交易中，公司在报告期内关联交易的

47.1　次数_____

47.2　金额＿＿＿＿＿＿＿＿＿＿＿＿＿

47.3　关联关系类型＿＿＿＿＿＿＿＿＿＿＿＿＿

48. 在关联债权债务往来的关联交易中公司在报告期内关联交易的

48.1　次数＿＿＿＿＿＿＿＿

48.2　金额＿＿＿＿＿＿＿＿＿＿＿

48.3　关联关系类型＿＿＿＿＿＿＿＿＿＿＿＿＿

提示：以上内容参考创业板上市公司《年度报告》"第五节　重要事项"｜"十五、重大关联交易"。

七、社会责任情况

49. 企业在报告期实施的捐赠型社会责任行为次数［填空题］＿＿＿＿＿，金额［填空题］＿＿＿＿＿＿＿

公益型社会责任次数［填空题］＿＿＿＿＿＿＿，金额［填空题］＿＿＿＿＿＿＿＿＿＿＿

提示：参考创业板上市公司《年度报告》"第五节　重要事项"｜"十九、社会责任情况"。捐赠型主要是社会捐款、援建为主的社会责任行为，公益型主要与环境保护有关的社会责任行为。

50. 公司是否投资于雇员个人知识和技能提高以提升雇员职业发展能力［单选题］

○ 是　　　　　　　　○ 否

金额［填空题］＿＿＿＿＿＿＿＿＿＿＿＿＿＿＿

提示：参考创业板上市公司《年度报告》"第五节　重要事项"｜"十九、社会责任情况"。主要体现的是内部社会责任，对内部员工（利益相关者）的社会责任行为。

八、公司治理

51. 企业的实际控制人［单选题］

○ 个人　　　　　　　○ 组织

52. 当实际控制人为组织时，组织的体制属性［单选题］

○ 体制内　　　　　○ 体制外

提示：根据创业板上市公司《年度报告》"股东与实际控制人情况"部分。

53. 实际控制人的持股比例［填空题］

_____

提示：根据创业板上市公司《年度报告》"股东与实际控制人情况"部分。

54. 公司的股权结构中是否有国有股［单选题］

○ 是　　　　　　　○ 否

提示：根据创业板上市公司《年度报告》"中股东与实际控制人情况"部分。

55. 是否存在联合控制情况［单选题］

○ 是　　　　　　　○ 否

提示：终极控制人投资两家以上企业控制上市公司，而这两家企业相互存在关联或交叉持股，为联合控制。

九、董事与高管

提示：以下问项根据年报中董事、监事、高管及员工情况部分作答。

56. 企业董事人数［填空题］_____

57. 企业监事人数［填空题］_____

58. 企业高级管理人员人数［填空题］_____

企业董事长特征：

59. 性别［单选题］　　○ 是　　○ 否

60. 出生年份［填空题］_____年

61. 文化程度［单选题］

○ 专科及以下　　　○ 本科

○ 硕士　　　　　　○ 博士

62. 工作过的企业或单位数量［填空题］_____

62.1　这些企业或单位的性质［多选题］

☐ 党政机关　　　　　☐ 事业单位　　　　　☐ 私营企业

☐ 国有企业　　　　　☐ 外资企业　　　　　☐ 大学

☐ 科研机构　　　　　☐ 合资企业　　　　　☐ 其他

62.2　是否曾担任人大或政协委员［单选题］

○ 是　　　　　　　　○ 否

62.3　担任人大或政协委员级别［多选题］

☐ 国家级　　　　　　☐ 省部级　　　　　　☐ 地市级

63. 是否具有海外留学、访问经历［单选题］

○ 是　　　　　　　　○ 否

64. 是否持有企业股份［单选题］

○ 是　　　　　　　　○ 否

64.1　持有股份比例是多少［填空题］_____

65. 是否存在对外兼任情况［单选题］

○ 是　　　　　　　　○ 否

65.1　兼任的企业或单位数量［填空题］_____

65.2　这些企业或单位的性质是［多选题］

☐ 党政机关　　　　　☐ 事业单位　　　　　☐ 私营企业

☐ 国有企业　　　　　☐ 外资企业　　　　　☐ 大学

☐ 科研机构　　　　　☐ 合资企业　　　　　☐ 其他

企业总经理、前五位董事、前五位高级管理人员、三位独立董事、两位监事，均问上述问题。

66. 是否还担任公司其他管理职务［单选题］

○ 是　　　　　　　　○ 否

66.1　职务或岗位是什么？［填空题］_____

67. 董事会中曾在党政机关、政府部门工作的董事数量［填空题］

_____

68. 董事会中曾经在党政机关、政府部门以外的体制内组织工作的董事数量〔填空题〕

_____

69. 董事会中董事成员曾经工作过的企业或单位平均数量〔填空题〕

_____

提示： 首先计数每一个董事成员曾经工作过的企业或单位数量，再进行平均。

70. 董事会中曾在其他企业或单位兼任董事的数量〔填空题〕

_____

提示： 兼任仅为董事，不包括高管。

71. 董事会中具有外部任职的董事数量〔填空题〕

_____

提示： 任职包括兼任董事或兼任其他管理人员。

72. 董事会中具有外部任职的董事，外部兼任的单位数量〔填空题〕

_____

73. 高管团队中兼任其他企业或单位董事的高管数量〔填空题〕

_____

提示： 69、70、71 题为衡量企业间连锁董事关系的测量。

74. 高管兼任董事的数量〔填空题〕

_____

75. 高管兼任董事的时间（平均时间）〔填空题〕

_____

76. 员工教育程度

硕士以上占比_____

大学本科占比_____

专科占比_____

中专、高中及以下占比_____

以下为财务报表中数据

77. 本期增加的专利权［填空题］_____

提示：参考创业板上市公司《年度报告》"第十节　财务报告"│"第七节　合并财务报表项目注释"中第25条注释，即无形资产的相关内容。

78. 本期增加的非专利技术［填空题］_____

提示：参考创业板上市公司《年度报告》"第十节　财务报告"│"第七节　合并财务报表项目注释"中第25条注释，即无形资产的相关内容。

79. 本期增加的特许经营权、土地使用权、软件［填空题］_____

80. 本期增加的商誉［填空题］_____

提示：参考创业板上市公司《年度报告》"第十节　财务报告"│"第七节　合并财务报表项目注释"中第27条注释，即商誉的相关内容。

81. 公司在报告期的销售费用中的业务招待费（或称交际应酬费）_____

提示：参考创业板上市公司《年度报告》"第十节　财务报告"│第七节"合并财务报表项目注释"中第63条注释，即销售费用的相关内容。

82. 公司在报告期的销管理费用中的业务招待费（或称交际应酬费）_____

提示：参考创业板上市公司《年度报告》"第十节　财务报告"│第七节"合并财务报表项目注释"中第64条注释，即管理费用的相关内容。

83. 政府补助总额_____，其中，财政拨款（固定资产、职工奖励、研究开发等）总额_____，财政贴息总额_____，税收优惠（税收返还、即征即退、税收减免、税收奖励）总额_____

84. 在公司所获得的政府补助中，奖励型补贴的次数_____，金额_____

85. 在公司所获得的政府补助中，补助型补贴的次数_____，金额_____

86. 在公司所获得的政府补助中，国家级政府补贴的次数_____，

金额_____

提示：83、84、85 题参考创业板市上公司《年度报告》"第十节　财务报告"｜"第七节　合并财务报表"中第 69 条，即营业外收入的相关内容。

87. 支付的各项税费总额：_____

88. 收到的税费返还总额：_____

89. 所得税费用本期发生额：_____

90. 母公司适用税率：_____

提示：87、88 题见"合并现金流量表"，87 题见"所得税费用"，88 题见"税收优惠"。

附录 B　基于创业板上市企业联盟网络数据库的研究成果

　　跨校学术团队联合开发创业板上市企业联盟网络数据库，已经产出了丰富的合作研究成果，在《南开管理评论》《管理评论》《外国经济与管理》等刊物发表论文十余篇；在 *Strategic Entrepreneurship Journal* 等国际学术期刊审稿论文 2 篇。部分代表性成果如下。

　　[1] 韩炜，刘夏青. 基于"伙伴—资源"组合的联盟组合重构诱因研究 [J]. 南开管理评论，2023，26（5）：72 - 85.

　　[2] 韩炜，黄小凤. 董事会对外董事任职影响联盟组合多样性的作用机制——基于创业板联盟数据的实证研究 [J]. 管理学季刊，2020，5（2）：60 - 89，144 - 145.（2020 年度最佳论文）

　　[3] 韩炜，邓渝. 联盟组合的研究述评与展望：联盟组合的交互、动态与影响效应 [J]. 管理评论，2018，30（10）：169 - 183.

　　[4] 韩炜，刘夏青. 重复性联盟组合重构对焦点企业绩效的影响研究 [J]. 研究与发展管理，2024，36（1）：94 - 107.

　　[5] 韩炜，喻毅. 联盟组合特征、股权式联盟治理与创业企业绩效 [J]. 管理学季刊，2017，2（4）：110 - 129，161.

　　[6] 邓渝. "做正确的事与正确地做事"：资源编排视角下的创业企业绩效 [J]. 外国经济与管理，2021，43（5）：34 - 46.

　　[7] 邓渝，王嘉斐. 联盟组合多样性与企业创新——基于资源编排理论的实证研究 [J]. 中国科技论坛，2023（5）：79 - 88.

　　[8] 胡新华. 联盟组合中资源多样性的"双刃剑"效应——以产品市场势力为中介 [J]. 财经论丛，2021（4）：83 - 93.

参 考 文 献

[1] 曹钰华，王书蓓．从"能动性"到"使能性"：创业网络双重嵌入对科技创业能力的作用机制研究 [J]．科技管理研究，2022，42（3）：145-153．

[2] 陈凤，吴俊杰．管理者过度自信、董事会结构与企业投融资风险——基于上市公司的经验证据 [J]．中国软科学，2014（6）：109-116．

[3] 杜勇，刘建徽，杜军．董事会规模、投资者信心与农业上市公司价值 [J]．宏观经济研究，2014（2）：53-62，122．

[4] 关伯明，邓荣霖．董事会结构特征与公司风险承担关系实证研究 [J]．现代管理科学，2015（1）：9-11．

[5] 韩炜，高宇．什么样的高管团队能够做出商业模式创新？[J]．外国经济与管理，2022，44（3）：136-152．

[6] 韩炜，杨婉毓．创业网络治理机制、网络结构与新企业绩效的作用关系研究 [J]．管理评论，2015，27（12）：65-79．

[7] 何霞，苏晓华．战略联盟对新创企业合法性获取的影响研究——组织学习的中介作用 [J]．产经评论，2015，6（3）：81-93．

[8] 胡海青，王兆群，张颖颖，等．创业网络、效果推理与新创企业融资绩效关系的实证研究——基于环境动态性调节分析 [J]．管理评论，2017，29（6）：61-72．

[9] 胡军．开发区政府行为的制度分析：对泰达管理体制的研究 [J]．上海经济研究，2005（11）：96-99．

[10] 胡新华，喻毅，韩炜．谁更能建构高质量的社会网络？——创业者先前经验影响社会网络构建的作用研究 [J]．研究与发展管理，2020，32

（5）：126 – 138.

[11] 黄明睿，张帆，侯永雄．先前经验、社会网络对商业模式设计的影响——信息扫描的中介效应 [J]．首都经济贸易大学学报，2021，23（6）：96 – 108.

[12] 蒋振宇，王宗军．关系强度对企业创新意愿和创新能力的影响机理——基于企业内外部视角的分析 [J]．研究与发展管理，2020，32（3）：123 – 135.

[13] 李全海，郑军，张明月．易获得性、先前经验、政府支持与农户电商创业意愿 [J]．山东社会科学，2022（3）：118 – 125.

[14] 李颖，赵文红，杨特．创业者先前经验、战略导向与创业企业商业模式创新关系研究 [J]．管理学报，2021，18（7）：1022 – 1031，1106.

[15] 刘伟，龚治宇，张铄．先前经验和政治关联对新创企业并购决策的影响——制度环境的调节作用 [J]．预测，2019，38（6）：32 – 38.

[16] 刘伟，谢龙燕．技术轨道对创业板上市企业董事会结构的影响分析 [J]．中国科技论坛，2014（1）：101 – 107.

[17] 刘新民，王垒，康旺霖．创业企业 IPO 董事会结构对研发资源投入的影响研究 [J]．研究与发展管理，2014，26（4）：32 – 41，81.

[18] 马宁．董事会规模、多元化战略与企业风险承担 [J]．财经理论与实践，2018，39（4）：73 – 79.

[19] 曼瑟尔·奥尔森．集体行动的逻辑 [M]．陈郁，郭宇峰，李崇新，译．上海：上海人民出版社，1995.

[20] 彭学兵，王乐，刘玥伶，等．创业网络、效果推理型创业资源整合与新创企业绩效关系研究 [J]．科学学与科学技术管理，2017，38（6）：157 – 170.

[21] 彭正龙，姜卫韬．企业家社会资本：概念、影响机制及其研究新方向 [J]．经济管理，2008（10）：10 – 16.

[22] 任鸽，孙慧．政府补助如何影响企业研发投入？——高管垂直薪酬差距的中介作用和董事会规模的调节作用 [J]．研究与发展管理，2019，

31 (6): 70 - 79.

[23] 单标安, 蔡莉, 陈彪, 等. 中国情境下创业网络对创业学习的影响研究 [J]. 科学学研究, 2015, 33 (6): 899 - 906, 914.

[24] 宋增基, 卢溢洪, 张宗益. 董事会规模、内生性与公司绩效研究 [J]. 管理学报, 2009, 6 (2): 213 - 221.

[25] 谭劲松, 徐伟航, 秦帅, 等. 资源依赖与董事会结构——基于高校上市公司的研究 [J]. 会计与经济研究, 2019, 33 (4): 3 - 26.

[26] 王国红, 黄昊, 秦兰. 技术新创企业创业网络对企业成长的影响研究 [J]. 科学学研究, 2020, 38 (11): 2029 - 2039.

[27] 吴俊杰, 戴勇. 企业家社会网络、组织能力与集群企业成长绩效 [J]. 管理学报, 2013, 10 (4): 516 - 523.

[28] 徐二明, 王智慧. 我国上市公司治理结构与战略绩效的相关性研究 [J]. 南开管理评论, 2000 (4): 4 - 14.

[29] 许成磊, 赵雅曼, 张越. 创新扩散、创业网络情境导向对政策适应与团队簇创业绩效关系的影响 [J]. 管理学报, 2020, 17 (5): 704 - 714.

[30] 杨俊, 韩炜, 张玉利. 工作经验隶属性、市场化程度与创业行为速度 [J]. 管理科学学报, 2014, 17 (8): 10 - 22.

[31] 杨特, 赵文红, 周密. 网络规模对创业资源获取的影响: 创业者先前经验的调节作用 [J]. 科技进步与对策, 2018 (2): 1 - 9.

[32] 尹苗苗, 李秉泽, 杨隽萍. 中国创业网络关系对新企业成长的影响研究 [J]. 管理科学, 2015, 28 (6): 27 - 38.

[33] 于东智, 池国华. 董事会规模、稳定性与公司绩效: 理论与经验分析 [J]. 经济研究, 2004 (4): 70 - 79.

[34] 岳丽君, 李荣. 家族涉入、董事会规模与企业研发投入 [J]. 山东社会科学, 2017 (2): 149 - 154.

[35] 张艳辉, 张春凯, 李宗伟. 谁更有可能开网店? ——基于先前经验与合法性的研究 [J]. 管理评论, 2020, 32 (2): 151 - 164.

[36] 张玉利, 杨俊, 任兵. 社会资本、先前经验与创业机会——一个

交互效应模型及其启示 [J]. 管理世界, 2008 (7): 91-102.

[37] 赵玉洁. 董事会规模和结构的影响因素研究 [J]. 山西财经大学学报, 2014, 36 (3): 90-100.

[38] 郑健壮, 靳雨涵, 章晨笑. 创业网络及"派系"对创业行为的双重影响机理: 以"阿里系"为例 [J]. 科技管理研究, 2019, 39 (16): 144-150.

[39] 郑丽, 陈志军. 母子公司人员嵌入、控制层级与子公司代理成本 [J]. 经济管理, 2018, 40 (10): 75-91.

[40] 郑丽, 陈志军. 企业扩张行为是否与董事会结构特征、激励方式有关——来自中国上市公司数据的实证检验 [J]. 现代财经 (天津财经大学学报), 2018, 38 (9): 48-60.

[41] 朱秀梅, 历悦, 肖彬, 等. 创业网络对新企业绩效的影响——基于元分析的研究 [J]. 外国经济与管理, 2021, 43 (6): 120-137.

[42] Adler P S, Kwon S W. Social capital: Maturation of a field of research [J]. *Academy of Management Review*, 2014, 39 (4): 412-422.

[43] Adner R. Ecosystem as structure: An actionable construct for strategy [J]. *Journal of Management*, 2017, 43 (1): 39-58.

[44] Ahuja G. Collaboration networks, structural holes, and innovation: A longitudinal study [J]. *Administrative Science Quarterly*, 2000, 45 (3): 425-455.

[45] Aldrich H E, Zimmer C. *Entrepreneurship through Social Networks* [M] //Sexton D L, Smilor R. *The Art and Science of Entrepreneurship*. Cambridge, MA: Bollinger, 1986: 2-23.

[46] Amit R, Han Xu. Value creation through novel resource configurations in a digitally enabled world [J]. *Strategic Entrepreneurship Journal*, 2017, 11 (3): 228-242.

[47] Amit R, Zott C. Value creation in e-business [J]. *Strategic Management Journal*, 2001, 22 (6-7): 493-520.

[48] Amoroso S, Audretsch D B, Link A N. Sources of knowledge used by

entrepreneurial firms in the European high-tech sector [J]. *Eurasian Business Review*, 2018 (8): 55 – 70.

[49] Anderson A, Park J, Jack S. Entrepreneurial social capital: Conceptualizing social capital in new high-tech firms [J]. *International Small Business Journal*, 2007, 25 (3): 245 – 272.

[50] Ansari S, Garud R, Kumaraswamy A. The disruptor's dilemma: TiVo and the U. S. television ecosystem [J]. *Strategic Management Journal*, 2016, 37 (9): 1829 – 1853.

[51] Ardichvili A, Cardozo R, Ray S. A theory of entrepreneurial opportunity identification and development [J]. *Journal of Business Venturing*, 2003, 18 (1): 105 – 123.

[52] Aspara J, Hietanen J, Tikkanen H. Business model innovation vs replication: Financial performance implications of strategic emphases [J]. *Journal of Strategic Marketing*, 2010, 18 (1): 39 – 56.

[53] Autio E, Nambisan S, Thomas L D et al. Digital affordances, spatial affordances, and the genesis of entrepreneurial ecosystems [J]. *Strategic Entrepreneurship Journal*, 2018, 12 (1): 72 – 95.

[54] Baron R A, Markman G D. Beyond social capital: The role of entrepreneurs' social competence in their financial success [J]. *Journal of Business Venturing*, 2003, 18 (1): 41 – 60.

[55] Bartholomew S, Smith A D. Improving survey response rates from chief executive officers in small firms: The importance of social networks [J]. *Entrepreneurship Theory and Practice*, 2006, 30 (1): 83 – 96.

[56] Batjargal B. The effects of network's structural holes: Polycentric institutions, product portfolio, and new venture growth in China and Russia [J]. *Strategic Entrepreneurship Journal*, 2010, 4 (2): 146 – 163.

[57] Baum J A, Calabrese T, Silverman B S. Don't go it alone: Alliance network composition and startups' performance in Canadian biotechnology [J].

Strategic Management Journal, 2000, 21 (3): 267 – 294.

[58] Beckman C M, Schoonhoven C B, Rottner R M et al. Relational pluralism in de novo organizations: Boards of directors as bridges or barriers to diverse alliance portfolios? [J]. *Academy of Management Journal*, 2014, 57 (2): 460 – 483.

[59] Blodgett L L. Research notes and communications factors in the instability of international joint ventures: An event history analysis [J]. *Strategic Management Journal*, 1992, 13 (6): 475 – 481.

[60] Brinckmann J, Hoegl M. Effects of initial teamwork capability and initial relational capability on the development of new technology-based firms [J]. *Strategic Entrepreneurship Journal*, 2011, 5 (1): 37 – 57.

[61] Bruton G D, Fried V H, Hisrich R D. CEO dismissal in venture capital-backed firms: Further evidence from an agency perspective [J]. *Entrepreneurship Theory and Practice*, 2000, 24 (4): 69 – 77.

[62] Bucherer E, Eisert U, Gassmann O. Towards systematic business model innovation: Lessons from product innovation management [J]. *Creativity and Innovation Management*, 2012, 21 (2): 183 – 198.

[63] Butler J E, Hansen G S. Network evolution, entrepreneurial success, and regional development [J]. *Entrepreneurship & Regional Development*, 1991, 3 (1): 1 – 16.

[64] Carmeli A, Schaubroeck J, Tishler A. How CEO empowering leadership shapes top management team processes: Implications for firm performance [J]. *The Leadership Quarterly*, 2011, 22 (2): 399 – 411.

[65] Casadesus R, Ricart J E. How to design a winning business model [J]. *Harvard Business Review*, 2011, 89 (1/2): 100 – 107.

[66] Certo S T, Holcomb T R, Holmes Jr R M. IPO research in management and entrepreneurship: Moving the agenda forward [J]. *Journal of Management*, 2009, 35 (6): 1340 – 1378.

[67] Chen C R, Mohan N J. Underwriter spread, underwriter reputation, and IPO underpricing: A simultaneous equation analysis [J]. *Journal of Business Finance & Accounting*, 2002, 29 (3 – 4): 521 – 540.

[68] Chen M J. Competitor analysis and interfirm rivalry: Toward a theoretical integration [J]. *Academy of Management Review*, 1996, 21 (1): 100 – 134.

[69] Collins C J, Clark K D. Strategic human resources practices and top management team social networks: An examination of the role of HR practices in creating organizational competitive advantage [J]. *Academy of Management Journal*, 2003, 46 (6): 740 – 752.

[70] Colombelli A, Paolucci E, Ughetto E. Hierarchical and relational governance and the life cycle of entrepreneurial ecosystems [J]. *Small Business Economics*, 2019 (52): 505 – 521.

[71] Cui A S, O'Connor G. Alliance portfolio resource diversity and firm innovation [J]. *Journal of Marketing*, 2012, 76 (4): 24 – 43.

[72] Dagnino G B, Levanti G, Mocciaro Li Destri A. Structural dynamics and intentional governance in strategic interorganizational network evolution: A multilevel approach [J]. *Organization Studies*, 2016, 37 (3): 349 – 373.

[73] Daily C M, Certo S T, Dalton D R. A decade of corporate women: Some progress in the boardroom, none in the executive suite [J]. *Strategic Management Journal*, 1999, 20 (1): 93 – 100.

[74] Daily C M, Dalton D R. Board of direclors leadership and structure: Control and performance immplications [J]. *Entrepreneurship Theory and Practice*, 1993, 17 (3): 65 – 81.

[75] Dalton D R, Daily C M, Johnson J L, Ellstrand A E. Number of directors and financial performance: A meta-analysis [J]. *Academy of Management Journal*, 1999, 42 (6): 674 – 686.

[76] Dattée B, Alexy O, Autio E. Maneuvering in poor visibility: How firms play the ecosystem game when uncertainty is high [J]. *Academy of Manage-

ment Journal, 2018, 61 (2): 466 – 498.

[77] Duysters G, Lokshin B. Determinants of alliance portfolio complexity and its effect on innovative performance of companies [J]. *Journal of Product Innovation Management*, 2011, 28 (4): 570 – 585.

[78] Ebbers J J, Wijnberg N M. The co-evolution of social networks and selection system orientations as core constituents of institutional logics of future entrepreneurs at school [J]. *Journal of Business Venturing*, 2019, 34 (3): 558 – 577.

[79] Elfring T, Hulsink W. Networks in entrepreneurship: The case of high-technology firms [J]. *Small Business Economics*, 2003 (21): 409 – 422.

[80] Engel Y, Kaandorp M, Elfring T. Towarda dynamic process model of entrepreneurial networking under uncertainty [J]. *Journal of Business Venturing*, 2017, 32 (1): 35 – 51.

[81] Fama E F, Jensen M C. Separation of ownership and control [J]. *The Journal of Law and Economics*, 1983, 26 (2): 301 – 325.

[82] Foss N J, Saebi T. Fifteen years of research on business model innovation: How far have we come, and where should we go? [J]. *Journal of Management*, 2017, 43 (1): 200 – 227.

[83] Furr N R, Cavarretta F, Garg S. Who changes course? The role of domain knowledge and novel framing in making technology changes [J]. *Strategic Entrepreneurship Journal*, 2012, 6 (3): 236 – 256.

[84] Gaglio C M, Katz J A. The psychological basis of opportunity identification: Entrepreneurial alertness [J]. *Small Business Economics*, 2001 (16): 95 – 111.

[85] George G, Bock A J. The business model in practice and its implications for entrepreneurship research [J]. *Entrepreneurship Theory and Practice*, 2011, 35 (1): 83 – 111.

[86] Goerzen A, Beamish P W. The effect of alliance network diversity on multinational enterprise performance [J]. *Strategic Management Journal*, 2005,

26 (4): 333 -354.

[87] Goodstein J, Gautam K, Boeker W. The effects of board size and diversity on strategic change [J]. *Strategic Management Journal*, 1994, 15 (3): 241 -250.

[88] Graebner M E, Eisenhardt K M. The seller's side of the story: Acquisition as courtship and governance as syndicate in entrepreneurial firms [J]. *Administrative Science Quarterly*, 2004, 49 (3): 366 -403.

[89] Grandi A, Grimaldi R. Exploring the networking characteristics of new venture founding teams: A stdy of italian academic spin-off [J]. *Small Business Economics*, 2003 (21): 329 -341.

[90] Granovetter M, Action E, Structure S. The problem of embeddedness [J]. *American Journal of Sociology*, 1985, 91 (3): 481 -510.

[91] Granovetter M. Economic institutions as social constructions: A framework for analysis [J]. *Acta Sociologica*, 1992, 35 (1): 3 -11.

[92] Greve A, Salaff J W. Social networks and entrepreneurship [J]. *Entrepreneurship Theory and Practice*, 2003, 28 (1): 1 -22.

[93] Greve H R. Microfoundations of management: Behavioral strategies and levels of rationality in organizational action [J]. *Academy of Management Perspectives*, 2013, 27 (2): 103 -119.

[94] Gulati R. Alliances and networks [J]. *Strategic Management Journal*, 1998, 19 (4): 293 -317.

[95] Gulati R. Network location and learning: The influence of network resources and firm capabilities on alliance formation [J]. *Strategic Management Journal*, 1999, 20 (5): 397 -420.

[96] Hagedoorn J. Understanding the rationale of strategic technology partnering: Interorganizational modes of cooperation and sectoral differences [J]. *Strategic Management Journal*, 1993, 14 (5): 371 -385.

[97] Hallen B L, Eisenhardt K M. Catalyzing strategies and efficient tie for-

mation: How entrepreneurial firms obtain investment ties [J]. *Academy of Management Journal*, 2012, 55 (1): 35 – 70.

[98] Hamel G, Prahalad C K. Strategic intent [J]. *Mckinsey quarterly*, 1990 (1): 36 – 61.

[99] Hannah D P, Eisenhardt K M. How firms navigate cooperation and competition in nascent ecosystems [J]. *Strategic Management Journal*, 2018, 39 (12): 3163 – 3192.

[100] Hanna V, Walsh K. Interfirm cooperation among small manufacturing firms [J]. *International Small Business Journal*, 2008, 26 (3): 299 – 321.

[101] Hastie R. Problems for judgment and decision making [J]. *Annual Review of Psychology*, 2001, 52 (1): 653 – 683.

[102] Hite J M. Evolutionary processes and paths of relationally embedded network ties in emerging entrepreneurial firms [J]. *Entrepreneurship Theory and Practice*, 2005, 29 (1): 113 – 144.

[103] Hite J M, Hesterly W S. The evolution of firm networks: From emergence to early growth of the firm [J]. *Strategic Management Journal*, 2001, 22 (3): 275 – 286.

[104] Hite J M. Patterns of multidimensionality among embedded network ties: A typology of relational embeddedness in emerging entrepreneurial firms [J]. *Strategic Organization*, 2003, 1 (1): 9 – 49.

[105] Håkansson H, Snehota I. *Developing Relationships in Business Networks* [M]. London: Routledge, 1995.

[106] Hoang H, Antoncic B. Network-based research in entrepreneurship: A critical review [J]. *Journal of Business Venturing*, 2003, 18 (2): 165 – 187.

[107] Hoang H, Yi A. Network-based research in entrepreneurship: A decade in review [J]. *Foundations and Trends ® in Entrepreneurship*, 2015, 11 (1): 1 – 54.

[108] Ibarra H, Barbulescu R. Identity as narrative: Prevalence, effec-

tiveness, and consequences of narrative identity work in macro work role transitions [J]. *Academy of Management Review*, 2010, 35 (1): 135 – 154.

[109] Jack S L. Approaches to studying networks: Implications and outcomes [J]. *Journal of Business Venturing*, 2010, 25 (1): 120 – 137.

[110] Jack S L. The role, use and activation of strong and weak network ties: A qualitative analysis [J]. *Journal of Management Studies*, 2005, 42 (6): 1233 – 1259.

[111] Jack S, Moult S, Anderson A R et al. An entrepreneurial network evolving: Patterns of change [J]. *International Small Business Journal*, 2010, 28 (4): 315 – 337.

[112] Jacobides M G, Cennamo C, Gawer A. Towards a theory of ecosystems [J]. *Strategic Management Journal*, 2018, 39 (8): 2255 – 2276.

[113] Jiang R J, Tao Q T, Santoro M D. Alliance portfolio diversity and firm performance [J]. *Strategic Management Journal*, 2010, 31 (10): 1136 – 1144.

[114] Kaandorp M, Van Burg E, Karlsson T. Initial networking processes of student entrepreneurs: The role of action and evaluation [J]. *Entrepreneurship Theory and Practice*, 2020, 44 (3): 527 – 556.

[115] Kalish Y, Robins G. Psychological predispositions and network structure: The relationship between individual predispositions, structural holes and network closure [J]. *Social Networks*, 2006, 28 (1): 56 – 84.

[116] Katila R, Rosenberger J D, Eisenhardt K M. Swimming with sharks: Technology ventures, defense mechanisms and corporate relationships [J]. *Administrative Science Quarterly*, 2008, 53 (2): 295 – 332.

[117] Klein J G, Smith N C, John A. Why we boycott: Consumer motivations for boycott participation [J]. *Journal of Marketing*, 2004, 68 (3): 92 – 109.

[118] Kogut B. Joint ventures: Theoretical and empirical perspectives [J]. *Strategic Management Journal*, 1988, 9 (4): 319 – 332.

[119] Kruss G. Balancing old and new organisational forms: Changing dy-

namics of government, industry and university interaction in South Africa [J]. *Technology Analysis & Strategic Management*, 2008, 20 (6): 667 – 682.

[120] Larson A. Network dyads in entrepreneurial settings: A study of the governance of exchange relationships [J]. *Administrative Science Quarterly*, 1992, 37 (1): 76 – 104.

[121] Larson A, Starr J A. A network model of organizationformation [J]. *Entrepreneurship Theory and Practice*, 1993, 17 (2): 5 – 15.

[122] Lavie D, Singh H. The evolution of alliance portfolios: The case of Unisys [J]. *Industrial and Corporate Change*, 2012, 21 (3): 763 – 809.

[123] Lechner C, Dowling M. Firm networks: External relationships as sources for the growth and competitiveness of entrepreneurial firms [J]. *Entrepreneurship & Regional Development*, 2003, 15 (1): 1 – 26.

[124] Lechner C, Dowling M, Welpe I. Firm networks and firm development: The role of the relational mix [J]. *Journal of Business Venturing*, 2006, 21 (4): 514 – 540.

[125] Lefebvre V, Radu Lefebvre M, Simon E. Formal entrepreneurial networks as communities of practice: A longitudinal case study [J]. *Entrepreneurship & Regional Development*, 2015, 27 (7 – 8): 500 – 525.

[126] Marcel J J. Why top management team characteristics matter when employing achief operating officer: A strategic contingency perspective [J]. *Strategic Management Journal*, 2009, 30 (6): 647 – 658.

[127] Maurer I, Ebers M. Dynamics of social capital and their performance implications: Lessons from biotechnology start-ups [J]. *Administrative Science Quarterly*, 2006, 51 (2): 262 – 292.

[128] McIntyre D P, Srinivasan A. Networks, platforms, and strategy: Emerging views and next steps [J]. *Strategic Management Journal*, 2017, 38 (1): 141 – 160.

[129] Mizruchi M S. What do interlocks do? An analysis, critique, and as-

sessment of research on interlocking directorates [J]. *Annual Review of Sociology*, 1996, 22 (1): 271 –298.

[130] Morris M, Schindehutte M, Allen J. The entrepreneur's business model: Toward a unified perspective [J]. Journal of Business Research, 2005, 58 (6): 726 –735.

[131] Muehlfeld K, Urbig D, Weitzel U. Entrepreneurs' exploratory perseverance in learning settings [J]. *Entrepreneurship Theory and Practice*, 2017, 41 (4): 533 –565.

[132] Mueller B A, Shepherd D A. Making the most of failure experiences: Exploring the relationship between business failure and the identification of business opportunities. [J] *Entrepreneurship Theory and Practice*, 2016, 40 (3): 457 –487.

[133] Neumeyer, X, Santos S C, Caetano A, Kalbfleisch P. Entrepreneurship ecosystems and women entrepreneurs: A social capital and network approach [J]. *Small Business Economics*, 2019 (53): 475 –489.

[134] Oh H, Kilduff M. The ripple effect of personality on social structure: Self-monitoring origins of network brokerage [J]. *Journal of Applied Psychology*, 2008, 93 (5): 1155 –1164.

[135] Osiyevskyy O, Dewald J. Explorative versus exploitative business model change: The cognitive antecedents of firm-level responses to disruptive innovation [J]. *Strategic Entrepreneurship Journal*, 2015, 9 (1): 58 –78.

[136] Osterwalder A, Clark T, Pigneur Y. *Business Model You: A One-page Method for Reinventing Your Career* [M]. New York: John Wiley & Sons, 2012.

[137] Ozcan P, Eisenhardt K M. Origin of alliance portfolios: Entrepreneurs, network strategies, and firm performance [J]. *Academy of Management Journal*, 2009, 52 (2): 246 –279.

[138] Pahnke E C, Katila R, Eisenhardt K M. Who takes you to the dance? How partners' institutional logics influence innovation in young firms [J].

Administrative Science Quarterly, 2015, 60 (4): 596 –633.

[139] Parkhe A. Interfirm diversity, organizational learning, and longevity in global strategic alliances [J]. *Journal of International Business Studies*, 1991 (22): 579 –601.

[140] Patzelt H, Zu Knyphausen – Aufseß D, Nikol P. Top management teams, business models, and performance of biotechnology ventures: An upper echelon perspective [J]. *British Journal of Management*, 2008, 19 (3): 205 –221.

[141] Peng M W. Institutional transitions and strategic choices [J]. *Academy of Management Review*, 2003, 28 (2): 275 –296.

[142] Pfeffer, J. , & Salancik, G. R. *The External Control of Organizations: A Resource Dependence Perspective* [M]. Stanford, CA: Stanford University Press, 2003.

[143] Pfeffer J. Size, composition, and function of hospital boards of directors: A study of organization-environment linkage [J]. *Administrative Science Quarterly*, 1973, 18 (3): 349 –364.

[144] Phillips N, Tracey P, Karra N. Building entrepreneurial tie portfolios through strategic homophily: The role of narrative identity work in venture creation andearly growth [J]. *Journal of Business Venturing*, 2013, 28 (1): 134 –150.

[145] Politis J D. Dispersed leadership predictor of the work environment for creativity and productivity [J]. *European journal of innovation management*, 2005, 8 (2): 182 –204.

[146] Prashantham S, Dhanaraj C. The dynamic influence of social capital on the international growth of new ventures [J]. *Journal of Management Studies*, 2010, 47 (6): 967 –994.

[147] Rerup C. Learning from past experience: Footnotes on mindfulness and habitual entrepreneurship [J]. *Scandinavian journal of management*, 2005, 21 (4): 451 –472.

[148] Salancik G R, Pfeffer J. A social information processing approach to

job attitudes and task design [J]. *Administrative Science Quarterly*, 1978 (23): 224 – 253.

[149] Santoro M D, McGill J P. The effect of uncertainty and asset co-specialization on governance in biotechnology alliances [J]. *Strategic Management Journal*, 2005, 26 (13): 1261 – 1269.

[150] Schutjens V, Stam E. The evolution and nature of young firm networks: A longitudinal perspective [J]. *Small Business Economics*, 2003 (21): 115 – 134.

[151] Shaw E. Small firm networking: An insight into contents and motivating factors [J]. *International Small Business Journal*, 2006, 24 (1): 5 – 29.

[152] Shepherd D A, McMullen J S, Jennings P D. The formation of opportunity beliefs: Overcoming ignorance and reducing doubt [J]. *Strategic Entrepreneurship Journal*, 2007, 1 (1 – 2): 75 – 95.

[153] Shepherd D A, Souitaris V, Gruber M. Creating new ventures: A review andresearch agenda [J]. *Journal of Management*, 2021, 47 (1): 11 – 42.

[154] Shepherd D, Wiklund J. Are we comparing apples with apples or apples with oranges? Appropriateness of knowledge accumulation across growth studies [J]. *Entrepreneurship Theory and Practice*, 2009, 33 (1): 105 – 123.

[155] Slotte-Kock S, Coviello N. Entrepreneurship research on network processes: A review and ways forward [J]. *Entrepreneurship Theory and Practice*, 2010, 34 (1): 31 – 57.

[156] Smith K G, Smith K A, Olian J D, et al. Top management team demography and process: The role of social integration and communication [J]. *Administrative Science Quarterly*, 1994, 39 (3): 412 – 438.

[157] Snihur Y, Thomas L D, Burgelman R A. An ecosystem-level process model of business model disruption: The disruptor's gambit [J]. *Journal of Management Studies*, 2018, 55 (7): 1278 – 1316.

[158] Sorenson R L, Folker C A, Brigham K H. The collaborative network

orientation: Achieving business success through collaborative relationships [J].
Entrepreneurship Theory and Practice, 2008, 32 (4): 615 - 634.

[159] Sosna M, Trevinyo – Rodríguez R N, Velamuri S R. Business model
innovation through trial-and-error learning: The Naturhouse case [J]. *Long
Range Planning*, 2010, 43 (2 – 3): 383 – 407.

[160] Spigel B. The relational organization of entrepreneurial ecosystems
[J]. *Entrepreneurship Theory and Practice*, 2017, 41 (1): 49 – 72.

[161] Srinivasan A, Venkatraman N. Entrepreneurship in digital platforms:
A network-centric view [J]. *Strategic Entrepreneurship Journal*, 2018, 12 (1):
54 – 71.

[162] Steier L, Greenwood R. Entrepreneurship and the evolution of angel
financial networks [J]. *Organization Studies*, 2000, 21 (1): 163 – 192.

[163] Tasselli S, Kilduff M, Menges J I. The microfoundations of organiza-
tional social networks: A review and an agenda for future research [J]. *Journal of
Management*, 2015, 41 (5): 1361 – 1387.

[164] Taylor C. *Modern Social Imaginaries* [M]. Durham: Duke University
Press, 2004.

[165] Teece D J. Business models and dynamic capabilities [J]. *Long
Range Planning*, 2018, 51 (1): 40 – 49.

[166] Teece D J. Business models, business strategy and innovation [J].
Long Range Planning, 2010, 43 (2 – 3): 172 – 194.

[167] Ter Wal A L J, Alexy O, Block J, et al. The best of both worlds:
The benefits of open-specialized and closed-diverse syndication networks for new
ventures' success [J]. *Administrative Science Quarterly*, 2016, 61 (3): 393 – 432.

[168] Useem M. Book Review: Corporate social and political action: Re-
search in corporate and social performance and policy [J]. *California Management
Review*, 1984, 26 (2): 141 – 154.

[169] Uzzi B. Social structure and competition in interfirm networks [J].

Administrative Science Quarterly, 1997, 42 (1): 37 −69.

[170] Van de Ven A H, Poole M S. Explaining development and change in organizations [J]. *Academy of Management Review*, 1995, 20 (3): 510 −540.

[171] Van de Ven A H. Suggestions for studying strategy process: A research note [J]. *Strategic Management Journal*, 1992, 13 (S1): 169 −188.

[172] Velu C. Business model innovation and third-party alliance on the survival of new firms [J]. *Technovation*, 2015 (35): 1 −11.

[173] Vissa B. A matching theory of entrepreneurs' tie formation intentions and initiation of economic exchange [J]. *Academy of Management Journal*, 2011, 54 (1): 137 −158.

[174] Vissa B, Chacar A S. Leveraging ties: the contingent value of entrepreneurial teams' external advice networks on Indian software venture performance [J]. *Strategic Management Journal*, 2009, 30 (11): 1179 −1191.

[175] Wang R D, Miller C D. Complementors' engagement in an ecosystem: A study of publishers' e-book offerings on Amazon kindle [J]. *Strategic Management Journal*, 2020, 41 (1): 3 −26.

[176] Wang Y. Bringing the stages back in: Social network ties and start-up firms' access to venture capital in China [J]. *Strategic Entrepreneurship Journal*, 2016, 10 (3): 300 −317.

[177] Wasserman N. Founder − CEO succession and the paradox of entrepreneurial success [J]. *Organization Science*, 2003, 14 (2): 149 −172.

[178] Wassmer U, Dussauge P. Network resource stocks and flows: How do alliance portfolios affect the value of new allianceformations? [J]. *Strategic Management Journal*, 2012, 33 (7): 871 −883.

[179] Wassmer U, Li S, Madhok A. Resource ambidexterity through alliance portfolios and firm performance [J]. *Strategic Management Journal*, 2017, 38 (2): 384 −394.

[180] Williamson O E. The new institutional economics: Taking stock, loo-

king ahead [J]. *Journal of Economic Literature*, 2000, 38 (3): 595 –613.

[181] Yli-Renko H, Autio E, Sapienza H J. Social capital, knowledge acquisition, and knowledge exploitation in young technology-based firms [J]. *Strategic Management Journal*, 2001, 22 (6 –7): 587 –613.

[182] Zajac E J, Bazerman M H. Blind spots in industry and competitor analysis: Implications of interfirm (mis) perceptions for strategic decisions [J]. *Academy of Management Review*, 1991, 16 (1): 37 –56.

[183] Zott C, Amit R. Business model design and the performance of entre-preneurial firms [J]. *Organization Science*, 2007, 18 (2): 181 –199.

[184] Zott C, Amit R, Massa L. The business model: Recent developments and future research [J]. *Journal of Management*, 2011, 37 (4): 1019 –1042.

[185] Zott C, Amit R. The fit between product market strategy and business model: Implications for firm performance [J]. *Strategic Management Journal*, 2008, 29 (1): 1 –26.